U0512299

董幼鸿 叶岚 陶振 等 著

"两张网"融合发展

城市治理数字化转型的上海实践

上海人民出版社

目 录

绪 论 /1

第一章 "人民城市"重要理念："两张网"融合发展的根本遵循 /11

一、人民城市是"两张网"融合发展的理论指引 /11

二、"人民城市"突出"两张网"融合发展的人本价值 /17

三、把握人民城市生命体征，守牢安全与民生底线 /22

四、人民城市强调"两张网"建设的系统性整体性 /25

第二章 "平台型政府"理论："两张网"融合发展的理论逻辑 /29

一、文献回顾："平台型政府"理论的渊源 /30

二、"平台型政府"运行机制：一个分析框架 /35

三、"平台型政府"的典型实践：上海城市治理
"两张网"融合发展 /42

四、从"平台型政府"理论看"两张网"融合发展的愿景 /51

第三章　精准防控："两张网"融合赋能上海新冠肺炎疫情防控 /55

一、"两张网"融合的场景应用：随申码——应运而生的
"黑科技" /56

二、"两张网"融合的便捷化：小小"随申码"的
全方位赋能 /58

三、"两张网"融合的治理功效：助力数字战"疫"精准防控 /62

四、"随申码"赋能精准防疫——"两张网"融合发展的
实践探索 /73

五、"大上海保卫战"中"随申码"应用的信息局限
及优化升级的思路 /80

第四章　精准养老："两张网"融合发展助力浦东养老服务平台建设 /88

一、"两张网"助力浦东养老服务平台建设的背景和动因 /89

二、"两张网"助力浦东养老服务平台建设的具体实践 /92

三、"两张网"助力浦东养老平台建设的典型场景及成效 /99

四、"两张网"融合发展助力浦东养老平台建设的思考和展望 /103

第五章　精准救助："两张网"融合发展助力社会救助模式创新 /108

一、"两张网"融合汇聚民生数据，拓展救助"广度" /109

二、"两张网"融合强化精准匹配，深化救助"力度" /113

三、"两张网"融合激活综合救助，提升救助"温度" /116

四、"两张网"融合助力社会救助精准化的思考与启示 /119

目 录

第六章　精细治理："两张网"融合发展推进处置网格的梅陇镇实践 /125

一、处置网格融合了管理与服务双重权能 /126

二、处置网格蕴蓄了"一网统管"的管理特质 /129

三、处置网格吸纳了"一网通办"的服务内核 /132

四、"两张网"融合发展基层实践探索的思考 /136

第七章　挑战与困境："两张网"融合发展面临的问题与瓶颈 /140

一、"两张网"融合发展体制未理顺，限制深度融合 /141

二、"两张网"融合发展法律依据不同，制度建设水平
　　存在差异 /144

三、基层数字化基础难以满足"两张网"融合发展的高期待 /149

四、公共数据治理还存在诸多未解决的问题 /152

五、"两张网"融合中的多元主体参与不足 /154

第八章　路径与策略："两张网"融合发展的未来态势 /159

一、文化重塑：凝聚"两张网"融合发展的共识，为"两张网"
　　融合发展创造良好的政治生态 /160

二、组织健全：加快"两张网"平台的组织和机构整合，进一
　　步促进城市服务与管理职能的融合 /163

三、制度完善：加强制度和规范建设，完善相关制度体系，为
　　"两张网"融合发展创造良好的制度环境 /166

四、机制优化：健全适合"两张网"融合发展的机制，为"两张网"融合发展提供良好的机制保障 /170

五、队伍建设：加强领导干部和基层工作人员数字化治理能力的培养，打造一支适应数字化转型的高素质人员队伍 /173

六、技术创新：加强数字技术应用的探索和创新，为"两张网"融合发展提供坚实技术保障 /174

结　语 /177

参考文献 /179

附录一　上海市公共数据和一网通办管理办法 /185

附录二　关于进一步促进和保障"一网通办"改革的决定 /205

附录三　关于进一步促进和保障城市运行"一网统管"建设的决定 /210

后　记 /218

绪　论

21 世纪以来，互联网、大数据、物联网、人工智能、区块链、元宇宙等新一代技术的发展引发了新一轮科技革命，对人类社会发展和政府管理治理模式产生重大影响。2015 年 12 月 16 日，习近平主席在第二届世界互联网大会开幕式上首次正式提出要推进数字中国建设，开启了数字中国建设的新征程。全国各地纷纷探索数字经济、数字政府和数字城市等数字化方面建设和发展，不断提高经济发展、政府治理和社会管理等领域的数字化水平。2018 年，上海市委、市政府在数字化政府建设的大背景下，进一步推进政府管理体制改革，加强政府自身的革新，实现政府职能转变，营造良好的营商环境，推行政务服务"一网通办"，充分发挥大数据、人工智能等数字技术在政务服务中科技赋能的功能，打通各部门之间信息和资源的壁垒，优化政务服务的流程和手续，为市场主体和市民提供高效优质的服务。经过近几年运行，市场主体和市民办事流程大大优化，办事效率和服务质量逐步提升，给政府服务对象提供了更加便捷和高效的公共服务产品，赢得了广大市民和企业的广泛赞誉。"一网通办"已成为上海数字政府建设的一块金字招牌。2019 年，上海市委、市政府根据城市管理和社会治理精细化和智能化的需要，推出城市运行"一网统管"体系建设，在线上充分发挥数字、人工智能等现代信息技术在风险识别、隐患排查、问题研判和信息共享等方面的功能，在线下充分发挥社会治理联动联勤机制的作用，实现线上线下的信息互通、力量整合、资源共享，实现"高效处置一件事"的目标，解决城市运行中的"急难愁盼"问题，保障城市运行的有序、安全和稳定。2020 年底，上海提出城市数字化转型，促进经济、治理和生活等领域全面数字化转型，推进城市治理体系和治理能力现代化。"一网通办""一网统管"（以下简称"两张网"）的建设和运行成为城市治理数字化转型的牛鼻子和重要抓手，上海已把"两张网"建设打造为上海城市治理体系和治理能力现代化的重要载体和平台。

2019 年 11 月，习近平总书记考察上海杨浦滨江时提出"人民城市人民建，人民城市为人民"的重要理念，指出要将"两张网"建设作为城市治理的牛鼻子工作去抓，这为推进城市治理的智能化、精细化和科学化提供了根本遵循。"两张网"经过近几年的建设和发展，在城市政务服务、城市运行和治理方面已开发出很多融合的场景，越来越呈现出融合发展的趋势，寓管理于服务之中和寓服务于管理之中并存。"两张网"融合发展的趋势是体现"服务有感，管理无感"的内在特质，有利于推进数字城市和数字政府的建设，增强市民的获得感、幸福感和安全感。

一、当前学术界关于"两张网"融合发展的研究综述

梳理近几年关于"两张网"融合发展的学术文献发现，研究主题主要集中在"一网通办""一网统管"的内涵、功能、困境和"两张网"融合发展的基础及其融合发展路径等内容。具体如下：

一是关于"两张网"的内涵和内容研究。张懿（2019）认为"一网通办"的基础在于数据的共享与应用。数据资产的管理成为上海市"一网通办"的一个重要议题，而"一网通办"正是公共数据最主要的应用场景。它不仅能提高政府的服务效能，扩大其服务半径，而且还有可能引导甚至创造出新的政府职能。[①] 在重视政务数据的同时，也要重视"一网通办"的合法性和公众价值，赵勇（2019）认为"一网通办"以强调民众便利获取公共服务和公共管理为价值取向，而不是从政府部门的便利性角度来设计工作模式、工作流程和工作方式。[②] 容志（2021）认为，"一网通办"主要是构建"指尖上、家门口、一体化"的基层数

[①] 张懿：《"一网通办"：数据治理提振服务能级》，《文汇报》2019 年 4 月 3 日。

[②] 赵勇：《"一网通办"是提升城市治理现代化水平的重要抓手》，《光明日报》2019 年 12 月 2 日。

字办事服务体系，力图实现"进一网、能通办，来一窗、能办成"，实现高效办成一件事。①2020 年，"一网统管"研究成了上海城市治理现代化中的热点问题。有学者从"一网统管"给城市治理数字化带来的变化角度进行研究，提出了"一网统管"是城市数字治理的重要探索和实践创新。李磊、熊竞等学者认为，"一网统管"建设有助于从海量数据资源中分析研判潜在风险，为城市治理带来更加持久的推动力，也为更早应对突发事件提供了可靠的决策基础。②

二是关于"两张网"的功能研究。容志认为：一方面，"一网统管"赋能主动服务，充分利用"一网统管"的精细化管理优势，实时了解人群特定需求、事件运行状态，主动为其提供服务；另一方面，"一网通办"支撑精准治理，"一网通办"将审批结果向监督部门推送，有针对性地开展监管，通过数据研判和实时预警，展开相应处置，同时将处置结果反馈给审批部门，作为后续审查、依法处理和审批的依据，实现服务、管理、反馈的协同化。③"一网统管"的建设，通过治理数字化转型，打破部门数据壁垒、业务壁垒、队伍管理等运行模式，构建综合集成、协同高效、闭环管理的运行机

---

① 容志等：《公共价值驱动的基层治理数字化转型：基于"两张网"运行的观察》，《广西师范大学学报》（哲学社会科学版）2022 年第 1 期。

② 石磊、熊竞等：《上海"两张网"建设的发展背景、实践意义和未来展望》《上海城市管理》2021 年第 2 期。

③ 容志等：《公共价值驱动的基层治理数字化转型：基于"两张网"运行的观察》，《广西师范大学学报》（哲学社会科学版）2022 年第 1 期。

制，对城市治理能力和治理体系进行革命性重构，最终实现城市治理体系和治理能力的现代化。

三是关于"两张网"的差异和共性的研究。姚远认为，"一网通办"和"一网统管"的共性主要体现在海量数据支撑上：第一，"一网通办"与"一网统管"的共性首先体现在挖掘海量数据资源，为优化政务服务、便捷城市管理提供基础支撑。第二，技术平台赋能，两者都以技术平台为撬点，通过开发技术系统对海量数据加以分析，从而发现和解决问题。第三，政府流程再造，"一网通办"和"一网统管"不仅是技术手段的革新，同样也是一次政府流程再造和组织优化重组。①"两张网"主要的差异在于：第一，服务对象差异。"一网通办"主要从民众角度出发围绕政务服务展开，而"一网统管"主要多从政府和管理者角度出发围绕城市运行和治理开展，为民众提供良好的城市环境和公共服务产品。第二，运行流程差异。"一网统管"主要是政府试图将整个城市纳入"两张网"建设之中，依托技术平台，通过发现、分析、处理、反馈问题进行闭环管理，而"一网通办"主要是通过自下而上的业务申请的起点，启动政府服务的全流程，提高政府服务的质量。第三，价值定位差异。两者在价值定位上也具有不同之处，"一网通办"主要是定位在高效办成一件事，而"一网统管"主要定位于高效处置一

---

① 姚远：《双网"智"理："一网通办"和"一网统管"的比较研究》，《情报探索》2022年第8期。

件事。

四是关于"两张网"的融合发展价值研究。学者们普遍认为，"两张网"建设是基层治理数字化的重要探索。基层治理数字化转型在本质上应是数字技术运用引发的治理方式变革，通过这种变革提高公共价值共创能力，为人民群众提供更优质的公共服务和公共秩序，以回应人民群众对美好生活的期望和时代对基层治理提出的挑战。

五是关于"两张网"融合发展的路径研究。李磊、熊竞认为，从管理体制变革来看，在推进"两张网"融合发展的进程中，市里承接"两张网"建设职责的部门应出台相应的执行标准和考核方案，解决当前因管理体系多、指令多，导致区、街镇在承接市级部门的数据、算法和业务等方面陷入"政出多门、手势不一"的问题。从具体机制上来看，应打破条块藩篱，推动地区间、部门间、条块间的业务流程革命性再造，以整体性政府思维促进"一网通办"和"一网统管"有机融合，跳出各自为战的"小视野"，形成主动跨前、相互补台、协同联动的"大格局"，让城市服务和管理模式更高效、更便捷、更精准。①

综上，关于"两张网"建设和融合发展的研究主要还是停留在"两张网"的差异、特点和内涵及"两张网"运行的价值，对于"两

---

① 石磊、熊竞等：《上海"两张网"建设的发展背景、实践意义和未来展望》，《上海城市管理》2021 年第 2 期。

张网"融合发展面临的困境和难题及融合发展的具体路径方面还有很多空间值得研究，这也为"两张网"融合发展研究提供了更大的空间和讨论范围。

二、上海"两张网"融合发展的实践探索及具体成效

回顾近几年上海"两张网"建设的历程，主要工作是以场景应用开发为龙头，以数据汇集为基础，聚焦政府业务流程再造，牵引"两张网"融合发展，共同推进数字政府建设。坚持两网融合、两网协同，大力推进数据集中、系统集成，不断织密织牢"两张网"，更好推进数字政府建设的进程。"两张网"相互依托、互相赋能，特别是在新冠肺炎疫情防控、精准养老和精准救助中，共同发挥了重要作用。在疫情防控中的"两张网"融合发展取得显著成效，进一步夯实"两张网"融合、"两张网"协同的基础。在实践中主要工作表现如下：

（一）加快系统整合集成，为"两张网"融合发展提供基本的载体

一是推动政务信息系统、政务服务移动端应用"应统尽统"。近年来，上海市政府相关部门将市级政务信息系统总数压缩三分之

二左右，推动各部门全部 67 个移动端及各区移动端应用接入"随申办"，形成上海市"随申办"移动服务统一入口。二是推动业务专网"应并尽并"。将本市 14 个业务专网中 8 个撤销并入政务外网，6 个与政务外网联通。三是推动信息系统上云"应迁尽迁"。实现全市党政机关新建信息系统、接入城运系统的业务系统、其他具备上云条件的信息系统全面上云。同时，根据"一网统管"建设的需要，将城市运行子系统接入市城运平台，形成城市治理的城市大脑和信息枢纽，打通各部门之间数据共享壁垒和业务屏障，实现了资源、数据等要素的共享共建，为"两张网"融合发展创造了硬件和软件条件。

（二）强化数据治理，为"两张网"融合发展提供基本数据资源保障

一是根据"两张网"建设的需要确立数据汇聚清单。凡是涉及政务服务和城市运行管理的数据，都纳入清单管理，实行提供数据的责任清单、共享数据的需求清单、涉密数据的负面清单的管理制度。二是推动公共数据资源一口归集。近几年来，市大数据资源平台一口归集了全市公共数据达 202 亿条。三是推动数据规范和结构化处理。建立公共数据标准体系，建立共享交换机制、分级分类开放制度。通过规范和标准化的数据治理，提高数据资源的利用效率，为"两张网"融合发展提供了基本保障。

（三）推进业务流程革命性再造，为"两张网"融合发展明确了未来的具体目标和任务

一是围绕"高效办成一件事"，推进"一网通办"业务流程革命性再造。实施"申请条件、申报方式、受理模式、审核程序、发证方式、管理架构"等"六个再造"，通过刀刃向内的改革，持续提升市场主体获得感。二是围绕"高效处置一件事"，推进"一网统管"业务流程革命性再造。以线上信息流、数据流推动线下业务流程优化和管理创新，实现在最低层级、最早时间，以最小成本解决突出问题，达到综合效果最优。通过"两张网"流程再造的探索，提高政府服务和治理的质量和效率，促进政府流程优化和政府职能的转变。

（四）加快应用场景开发和探索，为"两张网"融合发展提供合适的用武之地

自从2000年新冠肺炎疫情防控以来，"两张网"融合发展的趋势不断加速，为了精准防控的需要，开发了一系列应用场景和应用工具，其中最典型的是"随申码"，能将公安、交通、卫生和通信等系统信息汇集在一个平台，通过算法和模型精准判断个人的行动轨迹，为疫情精准防控提供科学的依据和参考，提高疫情防控的效率和精准度。同时在疫情防控中还推出了核酸码、场所码和数字哨兵等数字治理的手段和工具，为疫情防控赋能，大大提高了疫情防控

的科学性和精准性。此外，城市治理和社会治理过程中，各级政府和部门探索了精准养老、精准救助和处置网格等具体应用场景，集中体现了"两张网"融合发展的趋势。

综上，从理论和实践两个层面来分析，"两张网"融合发展是数字政府建设的重要载体，是牵引城市治理现代化的重要抓手。本书在习近平总书记"人民城市"重要理念指导下，以上海城市治理"两张网"建设为研究对象，重点从理论和实践两方面分析"两张网"融合发展的可能性、必然性和趋势性，运用平台型政府理论剖析"两张网"融合发展的可行性和融合发展的路径选择策略，撷取上海市、区和街镇近几年在"两张网"建设中的实践探索为个案，分析"两张网"融合发展的实践价值和理论内涵，总结和探讨"两张网"融合发展的重要性和可能性，分析"两张网"融合发展中面临的挑战和困境，并根据"两张网"融合和发展面临的问题和困境，提出优化路径的策略和建设性意见，期待为上海城市治理"两张网"融合发展路径优化和创新提供理论指导，最终通过"两张网"融合发展推进数字政府和智慧城市的建设。

第一章 "人民城市"重要理念:"两张网"融合发展的根本遵循

习近平总书记在考察上海时提出了"人民城市"的重要理念,并特别指出"两张网"是城市治理的牛鼻子工作。在"两张网"融合发展和共同推进中,必须坚持以"人民城市"的重要理念为指导,聚焦"人民城市"建设对"两张网"融合发展的新要求。本章重点分析"人民城市"重要理念对"两张网"融合发展的理论意蕴和内在逻辑,从"人民城市"理论视角分析"两张网"融合发展的必要性和可行性,为"两张网"融合发展提供基本理论遵循。

一、人民城市是"两张网"融合发展的理论指引

"人民城市",从本质上说,就是人民当家作主的城市。早在 20 世纪 90 年代,学术界就出现过"人民城市人民建"的提

法。①② 人民城市的实践由来已久，是党的群众路线在城市建设与城市治理中的生动体现。随着人民城市重要理念的提出，党的城市工作理论完成了从"以人为本"到"以人民为中心"再到"人民城市人民建，人民城市为人民"的发展，标志着党对城市工作重要性的认识更加深刻，党对城市工作的思考更加成熟。

自 2015 年以来，"人民城市"实现了从实践到理论的飞跃，形成了丰硕的理论成果。在 2015 年 12 月 20 日至 21 日召开的中央城市工作会议上，"坚持人民城市为人民"被正式写入《2015 中央城市工作会议公报》。这是"人民城市"首次作为党和国家文件中的正式提法出现，也是"人民城市"开始从实践上升为理论的重要起点。

2019 年 11 月，习近平总书记在上海市杨浦区考察期间提出："城市是人民的城市，人民城市为人民。"他强调："人民城市人民建，人民城市为人民，扩大公共空间，以人民为中心，让老百姓有地方活动，好的城市，宜居的城市，就要有这个特点。"③ 在这次讲话中，总书记完整表述了"人民城市人民建，人民城市为人民"的重要理念，旗帜鲜明地回答了中国特色社会主义城市发展"依靠谁"和"为了谁"的问题。④

---

① 曲隆义：《谈人民城市人民建》，《前沿》1994 年增刊。

② 屹友：《从天津城建谈"人民城市人民建"》，《城市》1990 年第 1 期。

③ 习近平：《城市是人民的城市，人民城市为人民》，《人民日报（海外版）》2019 年 11 月 3 日。

④ 李君如：《"人民城市"是上海的城市性质和底色》，载上观新闻，2021 年 11 月 2 日。

2020 年 11 月，习近平总书记在浦东开发开放三十周年庆祝大会上发表重要讲话，将"人民城市人民建，人民城市为人民"作为发挥人民群众主体地位，实现人民宜居安居，彰显社会主义制度优势，提高城市治理水平和找到经济、社会和城市治理最大公约数的制胜法宝。①

坚持人民性是中国特色社会主义城市建设的深刻内涵，也是上海超大城市建设的内在底色。2020 年 6 月，上海市委十一届九次全会审议通过了《中共上海市委关于深入贯彻落实"人民城市人民建，人民城市为人民"重要理念，谱写新时代人民城市新篇章的意见》，提出了"五个人人"的城市建设最终目标，即建设"人人都有人生出彩机会、人人都能有序参与治理、人人都能享有品质生活、人人都能切实感受温度、人人都能拥有归属认同"的城市。②

2020 年 11 月，十一届上海市委十次全会通过了《中共上海市委关于制定上海市国民经济和社会发展第十四个五年规划和二〇三五年远景目标的建议》，将"人民城市人民建，人民城市为人民"重要理念作为上海市"十四五"时期经济社会发展指导思想，提出高质量发展、高品质生活、高效能治理三大目标导向。③

---

① 《（受权发布）习近平：在浦东开发开放 30 周年庆祝大会上的讲话》，载新华网客户端，2020 年 11 月 12 日。

② 《十一届市委九次全会决议》，《解放日报》2020 年 6 月 24 日。

③ 《中共上海市委关于制定上海市国民经济和社会发展第十四个五年规划和二〇三五年远景目标的建议》，《新民晚报》2020 年 12 月 10 日。

2020 年 12 月，上海市委、市政府公布《关于全面推进上海城市数字化转型的意见》，提出以数字化转型践行"人民城市人民建，人民城市为人民"重要理念，以整体性转变、全方位赋能和革命性重构，推动经济、生活和治理全面数字化转型，提升城市能力和核心竞争力。①

"人民城市"理念的提出是城市发展理念的进步。第一，"人民城市"重要理论的形成是中国特色社会主义思想在城市建设与治理领域的最新成果。②"人民城市"重要理念是"以人民为中心"的理念在城市维度的体现，是在城市这一场域推进落实国家治理现代化。③"人民城市"重要理念既超越了传统中国"以人为本"的民本思想，又在制度和文化上显著区别于西方国家和地区的城市治理理念，④以红色基因为文化基础的"人民城市"重要理念，充分彰显了中国特色社会主义思想在城市治理领域的软实力，反映了中国共产党的初心使命。⑤

第二，"人民城市"重要理念是城市发展逻辑转变、能级提升的

① 《关于全面推进上海城市数字化转型的意见公布》，载上海发布，2021 年 1 月 8 日。

② 李君如：《"人民城市"是上海的城市性质和底色》，载上观新闻，2021 年 11 月 2 日。

③ 宋道雷：《人民城市理念及其治理策略》，《南京社会科学》2021 年第 6 期。

④ 郑崇选：《提升上海城市文化软实力的价值追求与基本路径》，《上海文化》2021 年第 8 期。

⑤ 吴海江、江昊：《深观察 | 人民城市，新时代城市建设的新样态》，载澎湃新闻移动客户端，2021 年 9 月 27 日。

重要成果。从城市转型角度来看，有学者提出，"人民城市"价值理念集中体现为从增量扩张的权力型、资本型城市转向提质升级式的人民型城市。① 与资本主导的城市或其他类型的城市相比较而言，"人民城市"坚持以人民为中心，强调人民是城市治理的主体，打造共建、共治、共享的治理格局。② 也有学者指出，"人民城市"是对资本主导的城市发展和国家治理的反证，更强调城市治理和发展的政治性。③

第三，践行"人民城市"重要理念离不开城市的内省机制与自我革新。"人民城市"建设往往离不开技术赋能，但是过度依赖技术和控制，过度强调管理主义的逻辑而忽视生活的逻辑，既违背了人民城市的价值关怀，也可能会以治理的社会化、智能化和法制化的名义，滑向过度治理，这是"人民城市"治理中需要警惕的一面。④ 因此，不断激发"人民城市"的内省机制与自我革新精神，始终呵护"人民城市"的人民性价值，是保持"人民城市"重要理念理论生命力的基础。

近年来，上海在践行"人民城市"重要理念上持续发力，将政

---

① 刘淑妍、吕俊延：《城市治理新动能：以"微基建"促进社区共同体的成长》，《社会科学》2021 年第 3 期。

② 严远、韩庆：《上海举办"上善论坛"首发"上善共识"》，载人民网－上海频道，2020 年 9 月 7 日。

③ 刘士林：《人民城市：理论渊源和当代发展》，《南京社会科学》2020 年第 8 期。

④ 何雪松、侯秋宇：《人民城市的价值关怀与治理的限度》，《南京社会科学》2021 年第 1 期。

务服务"一网通办"、城市运行"一网统管"作为推动城市治理数字化转型的"牛鼻子"工作，不断提升企业和群众的获得感、幸福感和安全感，始终将人民日益增长的美好生活需要作为"人民城市"建设的不懈追求。上海持续统筹做好底线民生、基本民生和品质民生：推进网上问诊、预约、结算，方便市民就医；加快老旧住房加装电梯，帮助"悬空"老人下楼；推出早餐工程，让一早出门的上班族能吃上一口热腾腾的早餐；优化农村人居环境，让乡村也能美丽宜居。在此基础上，上海将"五个人人"写入全会《意见》，以制度化推进民心工作常态化。

尤其是在全面推进城市数字化转型的大背景下，上海"两张网"建设成效显著。其中，上海市"一网通办"以"高效办成一件事"为指向，接入事项 3071 项，日均办事 17.3 万件，全程网办率约 50%，实名用户超过 4400 万。"一网统管"创造性推出了一套较为完整的城市运行基本体征指标体系，已建成城市运行管理和应急联动处置系统，整合接入公共安全、绿化市容、住建、交通、应急、民防、生态环境、卫生健康、气象、水电气网等领域专题应用，初步实现了"一屏观天下、一网管全城"。

习近平总书记强调，城市是生命体、有机体。"人民城市"重要理念是深入推进"两张网"融合发展的价值遵循；"两张网"融合发展也是上海践行"人民城市"重要理念的实现途径。因此，深入研究"人民城市"视角下"两张网"融合发展的优化路径，不仅有助于提升"两张网"建设水平，加快推进城市治理体系和治理能力现代化,而且有助于加快实现"人民城市"建设目标,为形成具有全球示范意义的超大城市治理模式提供中国方案。

二、"人民城市"突出"两张网" 融合发展的人本价值

"人民城市"重要理念在"两张网"融合发展中的指导意义首先表现在其对人本价值的观照与回归,具体表现在三个方面:

第一,将人民对美好生活的向往作为"两张网"融合发展的奋斗目标。《中共上海市委关于深入贯彻落实"人民城市人民建,人民城市为人民"重要理念,谱写新时代人民城市新篇章的意见》强调,要"更好满足人民对美好生活的向往,以更优的供给满足人民需求,用最好的资源服务人民,提供更多的机遇成就每个人"。从人本价值出发,企业和市民的需求点就是"两张网"融合的交汇点。服务和管理对于政府来说,是截然不同的职责,但是广义上看,政府的服务对象和管理对象却是相同的。"两张网"融合发展的目的是要消除服务与管理"两张皮"的现象,通过共享和传递服务管理数据,建立服务与管理衔接机制,打通服务与管理之间的屏障,真正发挥"惩恶扬善"的作用,让遵守制度的人畅行天下,让违反制度的人无处遁形,积极营造更加美好的城市空间与治理氛围。

具体到"两张网"建设中,上海市于2018年启动的政务服务

"一网通办"变革性地提出了从"以部门为中心"到"以用户为中心"的理念革新，循序渐进地推进了在线查询、申请、受理、办结、反馈等不同在线办理深度的网上办事和移动应用场景，真正实现了"让数据多跑路，让群众少跑腿"。电子证照、电子档案、电子公章和电子签名等的推广应用，极大地减少了企业和群众携带证件、出示证明、打印复印和准备材料的烦恼，让跨域办、打包办、协同办和加速办等服务形式成为可能，极大地释放了审批效能，优化了政务服务体验。上海市于 2019 年末启动的城市运行"一网统管"，经过三年的努力，已经搭建起市、区、街镇纵向赋能的"王"字形架构，为实现市政府主要负责人提出的关于"在最低的层级，用最短的时间，用相对最小的成本来解决最大的问题，达到最好的效果"[①]的重要指示提供了实践方案，初步形成了"一屏观天下，一网管全城"的实战功能。在部分区级层面，大量的发现、派单工作已经能够交由智能设备自动完成，提高了基层工作与一线巡查的人力资源使用率。"一网统管"工作正在向着实战管用、基层爱用、群众受用的方向不断发展。可以看到，"一网通办"和"一网统管"在满足人民对美好生活的向往的进程中，已经做出了大量的努力，各自积累了丰富的经验，这是"两张网"融合发展过程中需要持续继承和不断发扬光大的方面。这些都为持续积累和丰富"两张网"融合发展

---

① 黄浦区城运中心：《全市各区"一网统管"工作交流座谈会在黄浦区召开》，载澎湃新闻，2020 年 9 月 14 日。

中的人本价值打下了坚实的基础。

第二，善用互联网思维，从"用户"需求出发推进"两张网"融合发展工作。"用户思维"关键要明确"用户是谁、用户在哪里、需求是什么"等基本问题。在"两张网"建设中，如果过度关注技术甚至滥用技术，就容易忽视人的需要和感受。"两张网"融合发展的用户不仅仅是政府的外部用户，还应当包括政府的内部用户。所谓外部用户，主要指政务服务对象和政府管理对象，包括自然人、法人和非法人组织等各类主体，这也是数字化转型背景下政府通常理解的"用户"。"一网通办"与企业群众的联系更为密切，但是如果为了提升线上网办率，而人为将某些或全部环节移到线上并大幅缩减线下办事渠道和类型，显然无法满足那些熟悉或渴望以"面对面"方式解决问题的企业和群众的需求。随着"一网通办"移动端服务内容从行政审批事项向公共服务事项延伸，"数字鸿沟"问题也会越来越突出，如何满足没有手机或不会操作手机的群体的便捷生活和公平权利，是线上线下统筹推进"两张网"融合发展的题中之义。

与此同时，内部用户的需求往往容易被忽视，如一线工作人员是受数字化转型影响较大的群体，这个群体的表达渠道十分有限，但他们却是在实践中连接线上和线下最主要的群体。在政务服务"一网通办"中，综合窗口改革对窗口人员提出了"全岗通"的要求，工作人员需要在短时间内熟悉几十到几百个事项的业务流程，并为企业和群众提供标准化的服务。同时，为了增加线上线下服务的衔接度，工作人员还为企业和群众提供了"帮办""代办"等服务。在城市运行"一网统管"中，随着各类"神经元"感知元器件覆盖面的推广，城市管理中的问题发现能力显著提升，远远超出处置队伍的人力作业饱和度。尤其是在数字化转型初期，基础数据采集上报的需求与信息系统碎片化状况叠加，导致基层工作人员的工作量并没有减少。因此，在"两张网"融合发展中，需要重点关注如何统筹实战管用与基层减负之间的关系，适当听取内部用户对数字化转型的意见建议，基于他们的真实需要和使用便捷度来开发应用、优化系统，推动数字化转型"由表及里"实现深刻变革。

第三，以开放包容的心态吸纳人民参与是持续推进"两张网"融合发展的制胜法宝。"人民城市"重要理念遵循"人民至上"的基本价值观，[①]强调让人民群众真正成为城市发展的积极参与者、最大受益者和最终评判者，契合历史唯物主义强调人民才是创造世界历史的真正动力的观点。"人民至上"不是停留在空洞的口号中，不是人民被动接受政府单方面服务和管理的结果，而是落细落小于城市与人民的默契和弦中，是顾及人民感受、尊重人民参与、提振人民信心的城市建设与发展的良性互动。

吸纳人民参与在"两张网"各自建设中已有生动体现。政务服务"一网通办"的"好差评"制度借鉴了"网购"中的用户评价机

---

① 李君如：《"人民城市"是上海的城市性质和底色》，载上观新闻，2021年11月2日。

制，成为政务服务部门第一时间采集企业和群众的办事感受、意见建议和需求反馈的渠道，为启动基于需求侧的闭环管理与监督问责提供了依据。政务服务"一网通办"在提升企业和群众办事感受度、满意度和获得感方面持续努力，为打造更优营商环境，营造更好生活体验提供"有事必到，无事不扰"的善治方案。

在城市运行"一网统管"中，"人民至上"是昭通小区因防疫需要集中转运隔离时，宠物跟主人一起上车前往隔离点的动人画面，政府的同理心换来的是老城厢居民对隔离工作的理解和配合。① "人民至上"是迪士尼乐园因有新冠病毒核酸阳性人员入园紧急关闭后，园内 33863 人在照常绽放的烟花下有序进行核酸检测的"浪漫"画面；是当通往迪士尼的公共交通紧急停运、游客不知如何回家时，一辆辆接驳大巴已在园外整整齐齐等候的"贴心"场景；是民警、交警、医务人员和无数幕后工作者齐心协力练就的这座城市的"金钟罩"。"人民至上"反映了党和国家为了人民、依靠人民、服务人民的意识理念，体现了共建、共治、共享② 的治理闭环，突出了顺应民心、保障民生、健全民主③ 的工作重心。这是更加开放包容的政府与更加善良热情的市民共同努

① 《宠物狗和居民一起上车去隔离，一片点赞！决策者这样说》，《潇湘晨报》2021 年 1 月 25 日。

② 吴建南：《"人民城市"的时代意义、创新实践与落实思路》，载学习强国上海学习平台，2020 年 6 月 24 日。

③ 李君如：《"人民城市"是上海的城市性质和底色》，载上观新闻，2021 年 11 月 2 日。

力的结果，也是加快实现"两张网"融合发展目标的制胜法宝。"人民城市"重要理念在"两张网"融合发展中的人本价值，就是要让住在这座城市、经过这座城市的人，都能感受到生活的美好和对未来的信心。

三、把握人民城市生命体征，守牢安全与民生底线

"人民城市"重要理念突出强调安全底线与民生底线，安全与民生是人民最基本的需求，"两张网"融合发展是为了更大的安全和更好的民生。构筑科学、可靠、权威的城市生命体征是有效评估城市安全与民生状况的指标，能够见微知著、提前干预，有效预防安全隐患，不断提升民生保障能力。

第一，完善城市生命体征，守牢城市安全底线。随着城市规模的不断扩大、要素密度的加大和活动的加剧，城市的关联性、系统性和脆弱性也相应变大，各类风险隐患造成的损失也会随之增加。因此，如履薄冰地守牢安全底线是"两张网"融合发展最基本的工作追求，具体包括两个内涵：一是提高城市韧性，使城市即便在遭受到风险冲击后也能迅速恢复到灾前状态；二是预防和避免损失的发生。为了实现这两个目标，城市生命体征建设变得格外重要。城市生命体征就好比人的体检指标，生命体征指数就好比体检报告，显性、易采集、实时更新的城市生命体征数据能够反映城市可能面临的

风险、危机和损失,推动构筑城市安全预防体系、城市安全常态化管控和应急保障体系,保障"一网通办""一网统管"高效运转,科学化、精细化、智能化长效机制更加完善,城市安全、韧性显著增强。

上海的常态化疫情精准防控就是在"人民城市"重要理论指导下,"两张网"融合发展的生动写照。2020年初暴发的新冠肺炎疫情,标志着风险社会已经到来,人类必须具备与风险长期共存的能力。作为改革开放的前沿阵地,上海既要防止境外或外省市输入风险,又要始终向国内外保持开放状态;既要及时采取隔离和治疗措施防止疫情蔓延,又要尽可能缩小影响面而不打扰绝大多数人的正常生产、生活。这对城市科学化、精细化、智能化治理能力和水平提出了极高的要求。正是得益于新冠肺炎疫情精准防控的实战经验,上海形成了"随申码"等"两张网"融合发展的热门应用,"随申码"集健康码、公交卡等功能于一码,既防护了个人数据安全,又维护了城市生命健康,还为个体提供了出行便利,真正实现了服务与管理的互融互通、同频共振。

第二,守护民生底线是实现社会稳定与长治久安的基础。习近平总书记强调:"推进城市治理,根本目的是提升人民群众获得感、幸福感、安全感。要着力解决人民群众最关心最直接最现实的利益问题,不断提高公共服务均衡化、优质化水平。"①《中共上海市委

---

① 习近平:《在浦东开发开放30周年庆祝大会上的讲话》,载中国政府网,2020年11月12日。

关于深入贯彻落实"人民城市人民建，人民城市为人民"重要理念，谱写新时代人民城市新篇章的意见》强调："要以大民生视野增进人民群众福祉，进一步满足多层次、个性化、高品质的民生需求，提供更加优质均衡的基本公共服务，守牢民生保障的底线。"

近年来，越来越多的基本公共服务事项被纳入政务服务"一网通办"服务范围，如社区公共空间预约、社区活动报名、养老机构查询、餐饮脸谱查询、景点热力图、申城出行一键叫车、预约挂号、母婴知识科普等，涵盖了生老病死、衣食住行、休憩娱乐等不同生命周期各种类型的基本公共服务，不断提升市民的获得感和幸福感。与此同时，"随申码"还推出了"亲属码""离线码"等服务，通过亲属代为出示或打印离线随申码的方式，满足疫情常态化防控下"数字鸿沟"群体的出行亮码需求。基层政府结合辖区治理痛点难点热点问题，不断丰富"两张网"融合应用场景，如长宁区推出热门景区大客流线上线下协同干预，线上通过苏州河华东政法大学段视频数据共享叠加区城运中心算法，对超出阈值的客流量进行自动预警并派单给现场工作人员；现场工作人员根据预警情况及时采取分流措施引导、疏散人流，避免过度拥挤，既满足了维持客流安全的管理需要，又提升了游客安心游玩的出行体验，通过"两张网"融合实现了管理与服务的自如切换与无缝衔接。徐汇区推出精准帮扶，通过寻找"两张网"业务基础数据的交集，精准锚定帮扶对象的特征与需求，更有针对性地为其提供打包式帮困服务。

四、人民城市强调"两张网"建设的系统性整体性

坚持系统性、整体性治理是符合超大城市特点和规律的治理之路，也是"两张网"融合发展中需要遵循的内在规律。《中共上海市委关于深入贯彻落实"人民城市人民建，人民城市为人民"重要理念，谱写新时代人民城市新篇章的意见》强调：要以"两张网"建设牵引和推动城市治理现代化，以政务服务"一网通办"完善全方位服务体系，以城市运行"一网统管"实现城市全周期管理，以绣花般功夫推进城市精细化管理。

第一，以系统性整体性推进全方位服务。全方位服务既强调服务内容的广覆盖性，也强调服务空间的全覆盖性，还强调服务方式的高度可及性。如政务服务"一网通办"推出了个人事项"全市通办"服务，针对上海市就业人口普遍存在的职住分离现象，方便市民在办理个人事项时，不再需要跑到户籍所在地的社区事务受理服务中心办理，而是可以就近选择全市任何一个社区事务受理服务中心办理。这既方便了市民办事，也节省了很多不必要的交通出行。类似地，长三角异地办理业务可以让加入了长三角"一网通办"城市的企业在本市就能够办理跨省市的行政审批服务。这不仅为企业节省了大量异地跑动的时间和资金成本，也为新冠肺炎疫情常态化防控下优化营商环境提供了便利。又如，

"一件事"服务，集成了办事过程中不同部门的不同事项，力争做到一表申请、一口受理、一次办成，为企业和群众提供了更大的便利。如自然人的"出生一件事""身故一件事"，企业的"一业一证"改革等，遵循的都是系统性、整体性的服务理念。再如，随着政务服务"一网通办"全程网办能力的不断提升，企业和群众对线上服务与线下服务的整合度和衔接度期待更高了。一方面，针对已经具备全程网办能力的事项，政府需要同步保留线下人工服务渠道，让企业和群众能够自主选择办事方式。另一方面，实践中也遇到一些企业和群众在网上发起办事申请，办事流程走到一半后，希望转到线下继续办理的情形，反之亦然，这就需要政府进一步打通线上线下办事流程，真正实现线上线下政府服务无缝衔接。这些都为提升"两张网"融合发展后的全方位服务能力打下基础。

第二，以系统性整体性推进全周期管理。全周期管理强调管理服务在时间跨度上的接续性和持续性。自然人在一生中会经历出生、教育、就业、退休、养老和死亡等基本阶段，几乎在人生的重大阶段都需要与政府打交道。企业同样具有生命周期。企业生命周期理论之父伊查克·爱迪思（Ichak Adizes）将企业生命周期分为成长、成熟与老化三个阶段，成长阶段对应企业的孕育期、婴儿期和学步期，成熟阶段对应企业的青春期和盛年期，老化阶段对应企业的稳定期、贵族期、官僚化早期、官僚期及消亡（图1）。

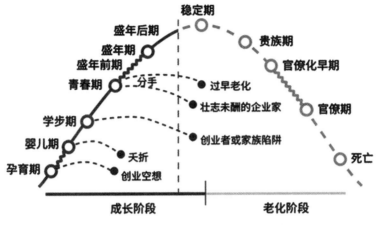

图1　伊查克·爱迪思企业生命周期示意图

　　企业生命周期理论的核心思想是将企业视为一个有机生物体，关注企业在从孕育到消亡的不同阶段对自身战略选择、行为方式、适应能力和企业文化的不同选择，以及企业在不同阶段对外部环境的敏感性、抗风险能力及其对政务服务的具体需求的巨大差异。"两张网"融合发展为统筹个人全生命周期管理以及增加政府服务管理与企业生命周期的耦合性创造了条件，为满足个人不同成长阶段和企业不同发展阶段的迫切需要提供了可能。

　　第三，以系统性整体性推进绣花般治理。如果说全方位服务强调服务的空间跨度，全周期管理强调服务的时间跨度，那么绣花般治理强调服务的推进深度。《中共上海市委关于深入贯彻落实"人民城市人民建，人民城市为人民"重要理念，谱写新时代人民城市新篇章的意见》强调："要以规范化建设增强基层服务群众能力，做强基层资源保障能力，做实家门口服务体系，做优多方参与基层社会治理格局。"以系统性整体性思维推动"两张网"融合发展，目的是建立统一权威的数据底座，形成标准化、规范化、可信赖的技术支撑体系，创新治理模式、治理工具和治理方法，通过集成技术赋权、制度赋权和主体赋权三重维度，[①] 为持续推进大城市精细化治理提供数据、技术、平台和模式。

城市运行"一网统管"中搭建的"观、管、防"一体化实战平台，充分体现了整体性、系统性治理思维。"一网统管"平台通过自动、主动和被动感知渠道，实时动态感知城市中的人、物变化，使得城市治理的颗粒度越来越小，问题识别与预警预测的能力不断提升。

综上所述，"人民城市"重要理念为"两张网"融合发展提供了思想指引和理论支撑；"两张网"融合发展是上海市在全面推进数字化转型背景下深刻践行"人民城市人民建，人民城市为人民"重要理念的具体行动。上海市将以"两张网"融合发展为重要切入点，积极推动高质量参与，积极推动高质量发展，不断提升城市软实力，朝着人民群众的美好生活需要不断迈进。

---

① 刘淑妍、吕俊延：《城市治理新动能：以"微基建"促进社区共同体的成长》，《社会科学》2021 年第 3 期。

第二章 "平台型政府"理论:"两张网"融合发展的理论逻辑

"平台"一词已经成为人们生活、工作的常用词汇,原本是指汇聚信息和资源、进行展示和宣传的抽象化场景,平台兴起之初在企业管理领域较为常见。随着数字化的发展和超大型互联网公司的出现,平台经济迅速繁荣起来,互联网建构的平台不仅具有传统的属性,还被赋予新的特征与内涵,通过搜索、消费和娱乐等功能,互联网平台利用其用户来放大自身价值。在技术和实践发展的基础上,平台的作用已经深入到包括新闻传播、公民参与、教育和交通等公众生活的各个方面。伴随着政府职能的转变和演化,"平台型政府"应运而生,这是技术变革和政府治理模式改革的产物,平台模式从市场和经济领域拓展到政府治理领域。通过对"平台型政府"理论的梳理和分析,探索"平台型政府"理论与"两张网"融合发展的内在逻辑,可以为"两张网"融合发展提供理论支撑。

一、文献回顾："平台型政府"理论的渊源

蒂姆·奥莱利（Tim O'Reilly）比较敏锐地察觉到政府机构在平台浪潮中的机制变迁，提出了"政府即平台"的概念，强调政府本源上就是为了促进集体参与协作的基础性平台。[①] 他将政府平台比作繁荣的集市，提供信息汇聚和交换的场所，引入多中心的行动主体。在这一概念的基础上，英国、澳大利亚等国家积极推动数字化"平台型政府"建设，比如英国在政府数字化转型过程中推动跨政府部门业务的整体转型，优化数字工具、流程和治理体系，提升数据应用、分析和管理能力，强化共享平台、组件和业务复用能力。[②] 我国政府服务平台的角色定位和功能也在发生着转变，从最初的单向度输出式信息发布主体到双向的咨询互动窗口，再到多边事项办结和问题处置平台，致力于以信息化手段提供令人民满意的政务服务。值得注意的是，将平台发展模式引入政府建设需要因地制宜地改造，因为公共部门平台与私人部门平台存在差异，如果不加分辨

[①] O'Reilly T.，"Government as a Platform"，*Innovations Technology Governance Globalization*，Vol.6，No.1，pp.13—40.

[②] 张晓、鲍静：《数字政府即平台：英国政府数字化转型战略研究及其启示》，《中国行政管理》2018 年第 3 期。

地混淆应用，可能导致治理失败。①

"平台型政府"理念的提出根植于丰富的理论基础。首先，整体政府理论为"平台型政府"这一概念提供了重要理论依据。"平台型政府建设"的重要目标是实现整体治理，通过部门间结构重组、流程再造和信息共享，打破部门壁垒和信息孤岛，②将各项资源汇集在政务平台上，实现信息的高效收集和集成。这不仅是政府内部体制的改革，理顺条块之间、部门之间的关系，改善多头管理的状况，还涉及不同平台的整合，一些地区在某一系统内部存在数量众多的平台，导致了治理的碎片化和无序性，整体政府建设就是要推动相似功能平台的整合，避免重复建设，打造一体化的无缝平台。其次，协同理论也是"平台型政府"理念的理论支撑。协同治理是两个或两个以上行动者通过信息共享、资源互动、能力互补和共同行动，来实现单一主体无法达成的目标。③"平台型政府"是一个多边体系，具有很强的包容性，是将多类用户连接起来的互动结构，吸纳多元主体共同治理，每个个体都是数据的提供者和公共治理的参

---

① Browna A. et al.，"Appraising the Impact and Role of Platform Models and Government as a Platform（Gaap）in Uk Government Public Service Reform：Towards a Platform Assessment Framework（PAF）"，*Government Information Quarterly*，Vol.34，No.2，pp.167—182.

② Christopher Pollitt，"Joined-up Government：a Survey"，*Political Studies Review*，Vol.1，No.1，pp.34—49.

③ John M. Bryson et al.，"The Design and Implementation of Cross-Sector Collaborations：Propositions from the Literature"，*Public Administration Review, Special Issue*，Vol.66，pp.44—55.

与者，利用多边平台的空间载体、基础设施和治理规则，连接多元利益群体、整合供给侧资源、促进供需匹配，① 形成了政府搭台，公众参与，企业支持的网络结构。平台在政府与公众之间构建了一个新的纽带，不同专业化部门在平台上进行模块化集成，形成无数非单向且多边的互动关系，体现了多元共治和协同治理的精神内核。再次，委托——代理理论也与"平台型政府"建设密切相关，由于政府通常缺乏运用数字技术的能力，因此与其他领域相比，政府在数字化领域往往更为依赖私有部门。② "平台型政府"建设需要以数字化手段为基础，致力于数据收集、流程再造系统的开发，工作前台、中台和后台的打造需要科技企业的支持，因此，平台的建立应当以政企合作为技术基础，政府扮演委托者角色，与互联网企业合作，形成一种基于合同的委托代理关系，强调政府与企业共同开展合作治理，③ 合作企业不仅参与平台的开放和技术应用，还将参与相关规则的制定。合同外包、政府采购等工具在政府数字化项目构建过程中发挥了重要作用，是政企互动推进协同治理的重要实现方式。数字治理领域公私合作由政府引领和私人部门执行，注重刚性合同，逐步发展为 BOT / BOO / DBFM 等不同模式的长期公私伙伴关系，

---

① 刘家明、胡建华：《多边平台创建与平台型治理》，《中国矿业大学学报（社会科学版）》2020 年第 3 期。

② 谈婕、赵志荣：《数字项目政府采购的纵向协调——基于杭州市政策补贴在线兑付平台的案例研究》，《公共管理与政策评论》2021 年第 6 期。

③ 杨学敏、刘特、郑跃平：《数字治理领域公私合作研究述评：实践、议题与展望》，《公共管理与政策评论》2020 年第 5 期。

即对电子政务项目的设计、建设、运营和维护等进行整合式授权。[①]数字化转型公私合作不再通过传统的等级控制来执行，而是通过参与者之间的相互信任、持续对话、达成契约与共同协作的治理网络以实现共同目标。

"平台型政府"是一种新的政府形态。平台超越科层组织模式，与科层型、全能型、契约型政府不同，具有网络化、扁平化的特征，具有独特的运作逻辑。"平台型政府"建立在正式的、常态化的科层体系之上，并非与之完全对立，是对科层型组织模式的改良，具有更大的灵活性和技术性；[②] 同时，与企业的合作过程也体现出了契约型政府的特征，在市场机制的基础上融入了信任、互惠等网络治理和协同治理的元素。"平台型政府"呈现出一系列特点：第一，协同性。科层型政府强调政府运行遵循效率导向和理性秩序，以集权为主要特征，按照层级控制的逻辑展开工作；全能型政府的预设下，政府全方位发挥作用，取代了市场机制，也是一种集权的运行逻辑；契约型政府将公共产品的供给权和资源配置权交给市场，政府的角色发生了变化，由控制管理者向监管和委托主体转换。不同于以上一些政府形态，"平台型政府"达成一种集体行动，搭建政府、市场

[①] John Langford，Jeffrey Roy，"E-government and Public-private Partnerships in Canada：When Failure is No Longer an Option"，*International Journal of Electronic Business*，Vol.4，No.2，pp.118—135.

[②] 宋锴业：《中国平台组织发展与政府组织转型——基于政务平台运作的分析》，《管理世界》2019 年第 11 期。

和社会互动协商的平台，进而推动跨界协同，政府的角色是平台的搭建者和多元主体的协调者。[①] 第二，开放性。在表现形式上，有学者认为开放性可以减少公众与服务提供者之间的锁定关系，能够增强服务提供者之间的竞争性。[②] 数据在不同层级的开放，将治理对象、治理要素、治理资源和治理工具有机连接。在平台治理模式下，平台的辐射范围不断扩展，服务业务和服务对象不断增多，有利于打破公共服务的时间、空间与容量限制，实现对公共事务治理与公共服务的全覆盖。第三，互动性。互动性表现为供给需求的高匹配度以及供给需求的转换性。"平台型政府"通过数字化手段，在互联网和大数据精算的基础上精准匹配供给和需求，搭建了供需对接平台。[③] "平台型政府"打破了传统政务服务供需方的定义，服务者与需求者的角色经常发生变化和互转。每对供需对应关系只是平台诸多服务中的一个节点，在该模式下，政府部门及其工作人员在不同的政务服务流程中，既可能扮演服务供应者，也可能扮演服务需求者。[④] 此外，还可以将民众回应作为必要环节加入"平台型政

---

① 韩万渠、柴琳琳、韩一：《平台型政府：作为一种政府形态的理论构建》，《上海行政学院学报》2021 年第 5 期。

② Eisenmann T. R. et al., "Platform Envelopment", *Strategic Management Journal*, Vol.32，No.12，pp.1270—1285.

③ 丁元竹：《平台型政府运行机制的设计思路》，《中国浦东干部学院学报》2017 年第 2 期。

④ 孟庆国、鞠京芮：《人工智能支撑的平台型政府：技术框架与实践路径》，《电子政务》2021 年第 9 期。

府"的服务流程之中,在提升政府回应性的同时,也让民众角色转化成为政府行为的监督者。第四,数字化。数字化是"平台型政府"最根本的特征。"平台型政府"是数字政府不断发展创新到一定阶段的新状态、新产物。政务平台能够汇聚不同地区、众多领域的海量信息和数据,信息处理量也会呈指数级增长。[1] 通过信息采集与处理,及时掌握政府管理和服务对象的状况,进而开展高效、精准的政府治理行为。

二、"平台型政府"运行机制:一个分析框架

通过文献梳理,可以看出:"平台型政府"是有效进行供需对接和服务回应的系统,政府为企业、个人等多元主体搭建参与互动的平台。为了增进对"平台型政府"的理解,可以构建一个结构——流程框架,从"平台型政府"运行的结构维度和流程维度这两个方面解释。

从结构来看,"平台型政府"由前台、中台和后台构成,对应着用户层、应用层和数据层,[2] 不仅仅是一个广义上平衡供需和多元参

---

[1] 陈水生:《数字时代平台治理的运作逻辑:以上海"一网统管"为例》,《电子政务》2021 年第 8 期。

[2] 杜超、赵雪娇:《基于"政府即平台"发展趋势的政府大数据平台建设》,《中国行政管理》2018 年第 12 期。

与治理的场景，更是一个平台的集合体，前台、中台和后台都可以视为一个独立平台，"平台型政府"就是要将这三种平台进行集成融通，形成一个大平台，不是一个静态单一的概念，是一个动态系统的概念。

前台是信息采集和诉求接收的沟通服务平台，主要面向服务需求方，以数字化手段汇聚信息，主要具有三方面的功能：第一是个人信息和诉求的访问入口；第二是面向企业的服务端口，收集企业信息，回应企业诉求；第三是面向政府的服务端口，因为政府除了响应者和服务者以外，还经常扮演服务需求者的角色。前台一般以线上和线下结合的方式呈现，线上数字化服务端包括 App、政府服务网站、小程序、12345 热线等，线下服务端包括政务大厅、城市生命体征感知终端、网格员等。线上和线下的信息收集工具将市民、企业政府和部门的诉求汇聚起来。

"平台型政府"的中台通过信息技术和跨部门协作实现信息集成、分析、分配、整合，问题的处理以及反馈，是前台和后台的连接点，使得后台信息能够更加顺畅地流向前台。第一，在数据使用上，打破部门间的信息壁垒，消除信息孤岛，使信息可以在各业务部门之间自由流动，信息不再是各部门的私有财产，而是被集中在公共信息池子中，其他部门可以便捷灵活地使用，降低制度性交易成本和信息不对称的风险。中台强大的技术架构对平台的业务整合能力、产品研发能力、数据运营能力进行支撑，数据中台面向政务服务体系，标准化采集各渠道数据，最大化抽取前台共性需求，集成后台可复用功能，实现数据资源全归集，数据出口全统一。[①]数据中台是基于大数据的计算存储平台，是所有数据资源、数据研发管理、数据资产管理的综合体，也是整个组织核心的数据驱动力，还是所有数据智能化、场景归一化、业务模型化的处理工厂，让各场景应用能够使用跨结构、跨领域、跨维度的鲜活智能数据，不仅发挥着承上启下的连接作用，而且通过模块化组合，将基础数据功能统一综合，确保数据资源和功能资源的一致性和可复用性。第二，在业务流程上，推动部门间协同运作，构建业务中台，把不确定的业务规则和流程通过行政或市场的手段确定下来，降低合作交易成本，同时通过存量系统接入，最大程度地提升协作效率，推进流程再造和协同整合。进而以顾客需求为导向，形成结构—技术互为支撑的政府形态。

"平台型政府"的后台则是数据的算法中心、控制中心和集成底座，具有强大的分类和储存能力，是中台得以有效运行的重要保障，也是数据资源化和价值化的载体。[②]中台处理问题可以调用后台数据，后台是信息储存调取的平台，主要面向服务供给方。数据后台包括统一的数据库、统一的规则库及统一的模型库。[③]统一数据库

---

① 明承瀚、徐晓林、王少波：《政务数据中台：城市政务服务生态新动能》，《中国行政管理》2020年第12期。

② 北京大学课题组、黄璜：《平台驱动的数字政府：能力、转型与现代化》，《电子政务》2020年第7期。

③ 孟庆国、鞠京芮：《人工智能支撑的平台型政府：技术框架与实践路径》，《电子政务》2021年第9期。

包括人口、公共设施、建筑、电子证照、权力事项清单、政府信息等数据；统一规则库包括信息提取、事项分配、部门联动等方面的规则；而模型库连接了信息和规则，在规则之下使用信息，包括需求预测模型、部门选择模型、供需匹配度模型等。后台公共数据库的数据来源比较广泛，一方面来源于政府部门既有数据库，另一方面来源于前台和中台的数据沉淀，这正是体现了"平台型政府"的转换性，即服务需求者也有可能是数据的供给者和服务的供给者。App、门户网站等前台系统的回应性要依托中台的协同处理能力和后台的储存控制性能。

"平台型政府"的前台、中台和后台缺一不可，互为依托，是一个完善的系统，在高度数字化的同时还形成多功能、多元化的模块，系统组件分离后还能重新组合为不同配置，同时保证其功能的完整性。① 有研究认为，"平台型政府"的模块化体系可最大程度地发挥模块的互补性、独立性和创造性，帮助平台适应公众多样化和不断变化的政务服务需求，增强平台运行的平稳协调性。② 模块作为规则、数据和功能的集合体，能够帮助政府完成需求感知、任务分配、流程再造、信息处理、需求反馈等方面的工作，前台、中

---

① Schilling M. A., "Toward a General Modular Systems Theory and Its Application to Interfirm Product Modularity", *The Academy of Management Review*, Vol.25, No.2, pp.312—334.

② Parker G., Van Alstyne M., "Innovation, Openness, and Platform Control", *Management Science*, Vol.64, No.7, pp.2973—3468.

台和后台被分为不同模块,前台主要是需求信息模块化收集,中台主要是业务流程的模块化重塑,后台主要是数据的模块化储存和显示。

从流程来看,"平台型政府"可以分为需求收集、供给集成、供需匹配和回应需求等运作程序。对应于六个工作职能:事项识别、信息准备、事项派发、部门办理、办理结果反馈和供给管控。公众、政府部门可能是供给方也可能是需求方,供需双方都有平等、开放参与平台治理的权利。

在需求收集阶段,主要体现服务型政府特征。以公众需求为导向,以服务治理为宗旨,通过制度化的沟通渠道与参与平台,实现互联互通、协商对话、多元共治。公众有序的参与是平台治理的起点,在以往的治理过程中,公众沟通表达渠道存在分散、梗阻、透明性差等问题,为了改变这一现状,目前,国内很多城市都进行了政府运作模式的改革。2018 年 7 月,国务院下发的《关于加快推进全国一体化在线政务服务平台建设的指导意见》指出,要加快建设全国一体化在线政务服务平台,整合资源,优化流程,强化协同。需求收集应当以服务型政府建设为目标。为了切实解决群众办事"门难进、事难办、脸难看"的问题,在"互联网 + 政务服务"的战略引导下,从中央到地方形成了一系列公共服务平台,比如上海的政务服务"一网通办"、浙江的"最多跑一次"改革等,这些政务服务平台对于需求的收集呈现出以下特点:第一,一口受理,让群众少跑路,数据多跑路,不需要去各相关部门办理,只要在一个端口提交；第二，电子化，只要在网站服务端或者 App、小程序上即可办理有关事项，信息迅速集成，实现跨部门流动，尽可能减少纸质材料的提交。

在供给集成阶段，应当更加注重开放型政府建设。政府服务平台应当以更加开放的状态从系统内部和外部吸纳数据、场景、模型和有关知识，构建以开放、包容和学习为价值导向的政府运行模式，重构政府、市场与社会的关系，为供需匹配和需求回应做充分准备。随着政府数字化转型的日益深入，政府组织形态从分立式结构向平台化结构转变，实现"政府即平台"模式。[①]信息社会形态下多元共治的客观需要，以及政务数据沉淀价值的开发再利用，都要求政府与企业、社会等多方主体实现数据联通。以互联网、社交媒体、开源社区等为代表的数字技术能够有效降低公众和企业参与政策过程所遭遇的阻碍，推动开放型政府的建设。[②]开放性和扁平化使平台拥有自我强化和自我丰富的能力，在数字技术的加持下，平台越开放，用户越多，提供服务的主体越多，信息和数据的来源就越广泛，供需匹配机制就越完善。

在供需匹配阶段，以整体政府为价值导向。"平台型"政府为需求方和供给方搭建了双向沟通的舞台，提供了一种匹配和媒合机制，

---

① 张晓、鲍静：《数字政府即平台：英国政府数字化转型战略研究及其启示》，《中国行政管理》2018 年第 3 期。

② 鲍静、范梓腾、贾开：《数字政府治理形态研究：概念辨析与层次框架》，《电子政务》2020 年第 11 期。

这种机制使得政府治理从分散走向集中,从模糊走向精确,从混沌走向透明,降低了沟通成本,克服了地域、行业的隔阂,通过大数据、云计算等方式,让公共服务和居民需求有效对接。数字化平台为这种连接和媒合机制提供了跨层级、跨部门、跨区域、跨业务、跨系统协同管理的可能性,进而有效克服权力、数据、流程的碎片化。通过平台协调各职能部门和数据信息库,线上数据自上而下和自下而上双向赋能,线下职能部门协同作战,提供一站式服务,简化办事流程和审批手续,推行"放管服"改革,实行简政放权,在压缩流程的同时办结时间大为缩短,提高了办事效率,实现治理流程、工具、主体的整合。

需求回应阶段,回应型政府是重要的价值导向。平台治理的终点是积极有效回应公众诉求,打通治理的"最后一公里",提升公众的认同感。在需求回应阶段,一方面,公众是治理质量的考核者和评价者,能够强化对政府行为的监督,提升政府回应意愿和效能,从被动回应走向主动回应,体现治理的"公共性";另一方面,公众是平台治理的回应对象,政府回应性是现代公共治理的基本特征,也是善治的基本原则,公众反映的问题和需要办结的事项能够通过平台快速解决和完成,切实增强了政府公信力和公众获得感。例如北京市的"接诉即办"改革,让政务热线为激活公众的治理参与和诉求表达积极性提供了有力的平台。市民来电表达诉求,政务热线向街道、乡、镇派单,街道乡镇向区职能部门吹哨,各职能部门协同办理,向街道、乡、镇报到,回应市民诉求,政务热线电话回访,市民对处理过程进行考评。①

诉求接收、供给集成、供需匹配和诉求回应构成了"平台型政府"的运行闭环，本质上是政府治理理念的转变和手段的更新，通过做程序的减法和效能的加法，为政府运行融入互联网思维，让政府成为汇集诉求、信息整合、流程再造、府际合作的平台，如图1所示。

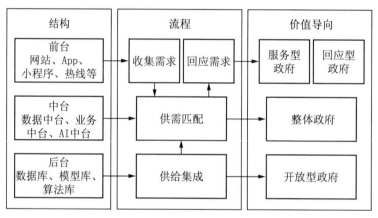

图 1 "平台型政府"运行机制分析框架

三、"平台型政府"的典型实践：上海城市治理"两张网"融合发展

2018 年，上海政务服务"一网通办"在全国率先启动。2020 年

---

① 马超、金炜玲、孟天广：《基于政务热线的基层治理新模式——以北京市"接诉即办"改革为例》，《北京行政学院学报》2020 年第 5 期。

4 月，在"一网通办"试点基础上，上海在全市范围全面启动并推进城市运行"一网统管"建设。上海市"两张网"建设彰显了"平台型政府"服务性、开放性、整体性、回应性的特征和价值导向，打造了城市治理平台建设的上海样本，是新时代践行"以人民为中心"发展理念进行政务服务改革和城市管理模式创新的重要实践探索。

（一）政务服务"一网通办"：高效办成一件事的平台

"一网通办"打造界面简洁、用户友好的前台，快速有效收集用户需求。上海建成了"一梁四柱"的"一网通办"运行体系。"一梁"是指政务服务"一网通办"构建了统一的总门户，为公众办事提供了便捷的窗口，减少群众跑腿次数，总门户将所有的网上政务服务归集到统一的平台上，使得信息能够"一窗"进出，民众办事由过去的逐一找部门转化为统一找政府，政务服务的一站式办事窗口包括线上 PC 端的"一网通办"政务服务网站、"随申办市民云"App 及线下的"一网通办"政务服务大厅、社区事务受理中心等，只要找到一个端口，就可以解决所有政务服务问题，即"进一网，能通办"，就近收件，一站办结，使民众办事像网购一样方便。"四柱"是指"四个统一"，即统一总客服、统一身份认证、统一物流快递、统一支付，进而有效整合服务，避免重复提交材料。

"一网通办"政务服务平台构建了互联互通、无缝衔接的全流程一体化在线服务中台，为推进政府流程再造提供基础，形成总操作平台和总数据库，构建市区两级"1+16"电子政务云，推动信息标准化采集、使用和保护。所有业务模块，包括各部门业务系统都接入服务中台，审查、批准、服务、管理等多个环节都通过这个平台完成，政府各部门不能新建与平台没有互联互通的部门小系统，进而减少壁垒的形成，所有政务数据及相关行业与社会数据都接入这个总数据库。[①] 通过平台进行共享和使用，形成数据共享的良好格局，打破信息共享的壁垒，进而推动业务流程再造，简化行政审批程序，提升服务水平和效能。针对在"一网通办"建设之初各区各部门行政权力和行政服务事项差异较大的问题，上海对权力清单进行梳理，明确行政权力和行政服务的实体性部分由市级部门落实，统一名称、代码和法律依据，程序性部分由区级部门落实，进一步规范权力清单。在打通物理空间和数字化空间的基础上，推动线上线下联动，让线上职能在线下能够落地做实，促进线上线下各部门间业务流程耦合，充分发挥中台融汇数据、模块整合、业务协调、流程再造的功能。

"一网通办"致力于提升后台数据支撑能力，形成公共事项模块。数据后台是信息共享、流程再造和一网办理的有力支撑，没有强大的数据后台，前台和中台的工作将遇到梗阻。上海市政府专门成立了"上海市大数据中心"，梳理排查政务数据、政务信息

---

① 赵勇等：《"一网通办"的上海实践》，上海人民出版社 2020 年版，第 45 页。

系统基本情况，建好台账，打造高效的数据后台，为中台和前台提供支撑。首先，后台集成了海量企业与个人数据信息，建立人口、法人、地理空间、电子证照等基础数据库，还建立了各类专项数据库和主题数据库。上海"一网通办"在服务企业方面，贯彻"前台围绕企业转，后台围绕前台转，中心围绕服务转"的原则，建立法人综合信息库，为企业精准画像；在服务民生方面，逐步完善个人信息库，将身份证、出生医学证明、护照、养犬证、不动产证、企业营业执照、食品经营许可证等 200 类高频电子证照纳入证照库，可以在办理事项时直接调取，线上线下使用联动，无需民众提交实体证照。① 另外，形成了实用管用的场景库和模块库。"一网通办"梳理了公共服务领域常见常用的应用场景，让数据为场景赋能，让虚拟世界为真实世界服务。后台场景库收集了群租治理、老人照料、停车监管、高空抛物等综合场景，可以在办理事项时随时调取使用，只要遇到类似情况，就能展开数据共享和精准处置。此外，构建了事项办结模块库，围绕个人生活的 100 件事和企业管理常用的 100 件事，梳理部门网络关系和数据图谱，构建模块化流程再造和数据共享程序，在个人和企业办事时快速调取和集成。

政务服务"一网通办"通过数据的高效利用和职能重构有效匹配供需结构。政府服务平台推进部门间信息开放共享，从公众、企

①　赵勇等：《"一网通办"的上海实践》，上海人民出版社 2020 年版，第 92 页。

业方收集和吸纳数据，建立个人和企业的"数据银行"，不断做强数据系统统一管理机制，上海已经编制完成公共数据"三清单"，包括数据需求情况清单、数据责任清单和负面清单，完成统一的数据共享交换平台主体功能建设。通过平台调取、协调和集成相关数据，为服务需求方供给适配的信息工具包，公众既是服务的需求方，也是信息的供给方，体现了"平台型政府"开放性、无界性的特征。同时，政务服务平台通过府际合作、流程再造和线上线下互动提高办事效率，打破部门壁垒，让部门间的合作从"串联"变为"并联"，协同数字技术和实体部门共同提供政务服务，实现政府服务事项的"一站式"办结，体现整体政府的价值导向。例如上海市住建委建设的项目联审平台，将土规、建设等十几个部门整合到一个平台，实现流程再造、数据共享和简政放权，审批时间从45个工作日缩短至15个工作日。

"一网通办"还建立了"好差评"制度，规范平台回应程序，遵循回应性政府的价值导向。公众在接受服务之后对平台进行评价，各种事项有明确的办结期限规定，市民可在12345市民热线、服务网站、App等端口追溯办理流程和进度，并对用户进行回访。公众的评价与平台绩效挂钩，公众有了考评权力，可以有效提升平台的回应性，提高平台的服务质量，从"部门管理为中心"向"人民满意为中心"转变。评价制度是贯彻"人民城市"理念的重要抓手和依据，评价内容公开，有利于平台的完善和整改，进而形成需求收集、供给集成、供需匹配和有效回应的治理闭环。

（二）城市运行"一网统管"：高效处置一件事的平台

"一网统管"是指通过建设、架构和联通与城市运行管理和突发事件应急处置相关的各类城市运行系统，形成"城市大脑"，并对海量城市运行数据进行采集、汇聚、分析、研判和应用，从而实现城市运行"一屏观天下，一网管全城"目标的技术治理模式。[①] 通过物联网、大数据等数字化手段监测感知城市运行状况，发现问题、实施预警、预判趋势、动态监测、排除隐患，为城市保驾护航。

"一网统管"通过平台基础设施建设，实现全域系统建构。前台是一站式的公共服务端口，包括小程序、App、政务服务网站，以及各类城市生命体征感知"神经元"等，服务对象一方面包括具有主观能动性的公众，以公众为问题发现的源头，另一方面包括客观存在的城市生命体，以"神经元"为问题发现的源头。以物联、数联、智联为基础，聚焦街镇、村居、楼宇等不同层次的数据感知，凭借热线、网格充分发挥"市民端"哨点作用和舆情捕捉作用；凭借公安视频监控、智能安防社区视频监控、发挥"策源端"支撑能力，形成全时段对城市运行状态实时监测；凭借已建物联感知设备，与消防、民防、卫健委等专业部门对接，发挥"感知端"作用。

在城市数字化转型的大背景下，以"一屏观全域，一网管全城"

[①] 董幼鸿、叶岚：《技术治理与城市疫情防控：实践逻辑及理论反思——以上海市 X 区"一网统管"运行体系为例》，《东南学术》2020 年第 3 期。

为核心目标，上海坚持顶层设计与需求导向相结合，着力打造城市运行中台，协同推进数据中台、业务中台和 AI 中台，形成前台与后台的纽带，具有强大的算力算法。数据中台提供数据开发、分类、整理服务，负责数据与业务部门的对接，保障数据的可获得性；业务中台负责各层级各部门的协同调度、标准制定、业务派单和治理监管，促进跨层级跨部门的业务整合与流程再造；而 AI 中台形成了不同的算力和算法，根据海量应用场景将数据模块进行重新排列和整合，形成不同问题处置模型，通过模型可以进行趋势预测，让数据为治理赋能，让算法为数据赋能，让数据活起来，流动起来。

"一网统管"后台接入海量数据，为预测、决策、派单提供数据支撑，后台数据主要有以下来源：第一，从城市生命体征感知端获取，上海市不断完善气象环境、能源监测、人口规模、经济税收、文明旅游和卫健概况等城市生命体征建设，构建城市体征指标体系，全面掌握城市运行态势，实现全方位检测、全维度研判，为领导科学决策提供有力数据支撑。目前，上海市通过无人机、高清摄像头等设置了水陆空 88 万个"神经元"，近百类超过 510 万个可共享数据的物联感知设备纳入市域物联网运营中心，每日产生数据超过 3400 万条，将进一步在市容管理、数字农业、防汛防台、水务管理等方面赋能城市运行管理，对燃气、烟雾、消防车占道、玻璃幕墙老化、防汛抗洪等城市运行中存在的问题和隐患进行随时监测。城市生命体征感知系统具有如下特点：1. 智能化，随着信息化数字化高速发展，"一网统管"对城市的监测、感知、预判不再单纯依靠人力发现问题,更多是依靠无人机、摄像头等智能物联感知设备,将各业务部门传感器接入平台,运用5G、大数据、区块链、云计算等技术工具构建数字孪生城市,线下城市的事件和部件都在线上映射,形成城市生命体数据库;2.广泛化,依赖数字技术和智能传感设备,达到传统人力无法覆盖的领域,感知触角分布十分广泛,体征指标逐渐完备,充分发挥大数据优势,实现城市生命体征的全域感知。第二,从各层级和各部门获得实时数据和既往数据,上海城市运行服务"一网统管"建立了"三级平台、五级应用"的工作体系,三级平台是指市、区、街镇平台,每级政府设立城市运行中心,各自搭建城市运行"一网统管"平台,实现三级联动,五级应用是在市、区、街镇以下,打造网格应用和小区楼宇应用。这就要求数据能够上下双向赋能和部门间相互赋能,一些城市运行中心干部反映,数据自下而上汇集之后仿佛"泥牛入海",流入上级平台后难以找回和重复使用,一般来看,数据自下而上流动比较容易,而自上而下流动比较困难。

"一网统管"是信息交换整合的平台,通过技术赋能实现精准服务和决策支持,为公众和决策者提供服务。通过无人机、高清摄像头等神经元的布控和算力算法的开发,以大数据为依托,构建多元化、多面向、全领域的治理场景和模型,针对城市治理存在的问题提出精确的解决方案,聚焦人民满意和高效处置一件事,提升政府服务能力。大数据与算力算法的结合为决策者提供了更可靠的决策依据,依托数字化模型,在既往数据的基础上构建预测模型,使决策者从依靠经验和感性认知向依靠数据和理性模型转换。人的认知具有有限理性特征，由于无法掌握全样本信息和预测能力有限，会在决策时代入经验性的主观判断，大数据、物联网、云计算等技术手段通过全样本数据采集和数理模型开发提高了决策的精确性和科学性。

"一网统管"是部门协同、线上线下联动的平台，通过流程再造实现整体政府建设，高效处置一件事，回应公众诉求。以"三级平台、五级应用"的工作体系构建横向到边、纵向到底的平台架构，市级平台负责标准的制定和城市运行总体监控，主要履行"观测"职能；区级平台有效支撑，承上启下，主要承担"管理"职能；街道乡镇平台面向一线，承接上级派单，是问题处置的行动主体，主要承担"防控"职能。多层级综合平台推进跨层级、跨部门、跨系统统合多方资源，发现问题迅速响应，重构多主体的工作流程，为线下部门派单，打破部门壁垒，促进多元协同，推动"一网统管"平台"观、管、防"职能的有效实施。线上的精准预判和防控，最终都要归结到线下的处置，线上的职能在线下要"接得住"，"一网统管"平台力求使线上为线下赋能，线下各条线协同，打造无缝平台，真正有效回应诉求。各区积极布局线下力量，在街镇传统网格的基础上，统筹公安、绿容、城管、房管、市场监管、综合治理等基层力量，做强做大线下基层处置能力，去机关化、去行政化，形成与城市运行管理、处置相匹配的全天候、常态化响应的"矩阵式队伍"，通过综合执法力量集结，切实提高基层处置和治理能效。

总之,从"平台型政府"理论视角来看,"两张网"建设通过数字化技术搭建政府治理的平台,寓管理与服务于一体,聚焦线上线下的协同,形成治理数字化的政府平台,更好地为市民和市场提供服务,成为"平台型政府"理论的生动实践。

四、从"平台型政府"理论看"两张网"融合发展的愿景

(一)"平台型政府"建设面临的挑战

"平台型政府"发展取得了长足进步,提升了政府回应速度和质量,以数字化手段倒逼政府改革,有效整合公共资源,提高了公共服务供给效能,但是仍然存在一定的局限和问题。

第一,平台的集权化导致供给和需求错配。平台的建设表面上是依托技术对政府治理模式进行改革,实际上却是在科层制度的基础上建立起的一套逻辑,在讨论其在"市场"和"技术"维度的突破时,不能忽略"控制"和"治理"的要素。从内部流程重构来看,"平台型政府"既是对原有办事服务流程的优化和再造,也是对服务事项、服务环节、服务供应主体的标准再定义,呈现出集权化特征。这就导致了政府不能全面感知公众需求,对信息的获取、模块的建构存在一定的主观性,由于集权化的控制意愿和系统构架的预设,

平台按照自身偏好来感知问题、解决问题，在实践中比较直接的体现就是对于公众体验的漠视，平台易用性降低，互动体验差、手续办理难。在现阶段的政务服务流程中，采用的多是政府视角而非公众视角，行政化、封闭化问题较为严重。

第二，"数字鸿沟"。数字化的发展为社会带来了巨大红利，但是也制造了群体之间的裂缝，加剧了不同群体生活质量的"马太效应"，在技术进步的同时应当兼顾不同群体数字化手段运用。平台集聚了大量用户和流量，逐渐形成了规模效应，而对于庞大流量之外的用户无形之中造成了资源分配的不公平。比如很多数字化政务服务平台都是在市域范围运行，对乡镇、农村的覆盖不够，偏远地区农村更是难以搭乘发展的快车，一些平台界面比较复杂，对老年使用者不够友好。

第三，虚拟与现实间、条块之间、部门之间协作不顺畅。平台运行要求虚拟数字化手段为现实部门运作赋能，理顺条块关系，业务条线打破壁垒相互协作，形成扁平、开放的治理架构。目前，"平台型政府"建设存在线下力量不足导致线上线下协同不够高效的问题，强线上弱线下，基层对数字化转型的理解比较欠缺，工作力度不够，线上发现问题数量巨大、派单激增，导致线下"接不住"的现象时有发生。"上对下""条对块"的赋能尚有不足，平台不能包罗所有条线部门，导致一些部门的服务脱离平台。

第四，平台的考核机制不明晰。政务服务平台普遍存在"多头考核"的问题，指标体系不够科学，导致平台疲于应付，反而忽略了重要的考核内容,对公众的评价缺乏重视,降低了平台的服务质量和回应性。

综上,"平台型政府"建设仍面临着诸多的挑战,在今后的数字平台建设中,需要进一步推进"两张网"融合发展、拓宽平台的业务范围、优化服务体系,以"两网融合"促进平台融通。

(二)基于"平台型政府"理论勾勒"两张网"融合发展的愿景

为了提高"平台型政府"的运行质量,促进"两张网"融合发展,未来的"平台型政府"建设应当注意以下几方面问题:

第一,加强公众参与,增强平台开放性的同时注重平台的安全性。要通过公众需求调研、公众行为判断、公众反馈收集,切实强化"平台型政府"中的"以需求为中心"导向,以"百姓视角"而非"管理视角"建设平台,进行有效的服务设计和环节优化。同时,注重数据安全,保障个人隐私,体现平台治理的温度和人文关怀。

第二,从技术、结构和流程上对平台进行耦合优化。坚持"业务 + 技术"双轮驱动,线上线下协同发力,效率与公平统筹兼顾,发展与安全相辅相成,从技术驱动向制度驱动转变。政府主动搭建数据联通共享、业务联动合作的跨部门协同治理架构,进一步推动技术创新,提升管理的信度和效度,同时,优化平台结构和问题解决流程,让技术、结构和流程互相服务补位,促进供给方和需求方的互动和转化。例如上海建立了大数据中心和城市运行中心,成立专门的机构为数据流动和使用提供动力，反过来又为平台流程再造服务。再如上海市在"两张网"建设的基础上积极推动"两网融合"，形成"一网通达"的治理模式，开发大量兼具"两网"特征的应用场景，将管理融合于服务之中，比较典型的例子是风貌保护区违规装修问题的处置。上海徐汇区拥有占地面积庞大的历史风貌保护区，通过区市场监管局法人库每日比对，如果一处地址出现住房合同变更或经营范围变更申报等情况，系统就会自动将警示信息发送至街道管理办，提醒该处可能会进行装修，街道收到警示信息后，组织队伍上门查看，避免"钻空子备案"情况发生。"一网通办"的办件信息，成为"一网统管"的"情报员"，在服务中实施管理，服务的需求者也是信息的供给方，供给和需求的边界逐渐模糊化，平台的无界性和开放性特征日益凸显。一条信息具有多种功能，一个流程通道实现多用途，数据、结构和流程互相赋能。

第三，加快政府体制改革，推进"平台型政府"的法治化建设。如果说技术是"平台型政府"的"发动机"，那么政府体制和职能改革则是兜底的"压舱石"，"平台型政府"能够从技术上进行任务拆解和分配，但在落实环节受制于现有政府体制改革的推进情况，一旦政府体制与政务平台所分配职能不一致，就会出现执行上的错位和走样，产生有些部门不作为，有些部门乱作为的情况。统筹规划不同政府部门职能，及时以制度法规的形式巩固政府体制改革成果，在实现任务环节流畅推进的同时，保障政府各部门依法行政、权责一致，对各部门的行政行为进行依法监督。

第三章　精准防控："两张网"融合赋能上海新冠肺炎疫情防控

　　2020 年初新冠肺炎疫情暴发以来，全国各地为全力打好疫情防控的阻击战，各级政府部门都投入了巨大的人力、物力、财力来实施社区封闭管理、居家隔离、人员动态管理等一系列措施，工作涉及面广、头绪繁杂，令一线工作人员备感压力，并且存在较大的被感染风险。

　　随着疫情防控进入常态化，各类返沪人员逐渐增加，如何辨别人员的健康状况、避免出现聚集性的传染事件呢？原来的方法通常是在公路交通要口、汽车站、火车站等交通卡口人工进行检测，手工填报，费时费力，这种"人海战术"和传统的人工管理模式难以满足精准防控疫情的内在要求，如何确保疫情精准防控成为日益紧迫的现实问题。

　　为协助各基层一线加强疫情防控力量、快速校验个人身份、提升人员出入通过率、减少登记核查时间，上海"一网通办"依托移动端"随申办"打造的"随申码"于 2020 年 2 月 17 日正式试点上线。

上海市大数据资源平台依托其汇聚的国家及本市公共管理机构数据，经过数据建模、分析评估等技术手段，"一网通办"可测算出市民的"风险状态"，并用红、黄、绿三色"随申码"进行标识，成为市民在出入居住地和办公场所时的一张特殊的"通行证"。该张"通行证"在应用过程中，也体现了"一网统管"高效处置一件事的功能，体现了"两张网"融合发展的趋势，共同发挥其服务和管理的功能，共同推进新冠疫情防控工作的顺利开展。但"随申码"在2022 年 3 月以来的疫情防控中也暴露出了一些问题，需要在基层治理中进一步检验和优化，从而提高"随申码"赋能疫情防控的效能和水平。

一、"两张网"融合的场景应用：随申码
——应运而生的"黑科技"

从卧室到客厅，到厨房，再到阳台……居家兜兜转转近一个月，人们纷纷吐槽，"实在憋不住了，想出去走走！"然而，能走到哪里去？进出小区凭限次出入卡。即便必须出去办事，也是诚惶诚恐、行色匆匆。疫情之下的网格化管理，让社区变得可防可控，但也让社区与社区之间成为相对封闭的"孤岛"，社区居民因不能自由出入

活动而变得郁闷。诚然，数字化生活可以让人们实现信息的自由流动，电商平台亦可以实现物流联通，然而人是具有社会属性的动物，人们需要工作、需要学习和社交，个体需要流动。显而易见，抗"疫"时间越长，人群的流动性需求就更为现实和必要。其实，人员出行与隔离不应成为一对矛盾，而是应通过科学和精准的方法区别开来，让该出门的人出门、该隔离的人隔离。建立人群健康身份的识别机制，并促成健康身份信息在社区、机构、单位和公司之间的互认互通是实现人群健康流动的一个重要前提。

针对当时返工、返学、返岗的迫切形势，尤其是应对很多企业的复工潮，同时打赢防疫攻坚战和经济恢复战，上海市大数据中心依托上海市大数据资源平台汇聚的国家、本市公共管理机构数据，经过数据建模，分析评估后，一种新型的、数字化的人群健康流动管理新模式——"随申码"应运而生，为方便市民工作、生活、出行，助力企业平稳复工复市提供了支持。

"随申码"是线下线上结合的一个关键点，"申"代指上海，"随申"取"随身"之意，寓意政务服务随时、随地、随身办，"随申码"也将打造成上海方便企业市民生产生活的特色服务码。"随申码"运行机制，主要根据用户是否接触过确诊或疑似病例，是否来自重点疫区，以及自我隔离的时间长短来判断其是否适合出行，这至少能从三方面把握复工人员的健康状况，而且信息动态更新，具有相当科学性。

"随申码"面向上海全市提供社区人员登记、复工人员登记、健康自查上报、疫情线索举报、发热门诊查询、口罩预约购买、医疗物资捐赠等多类服务，提高了数据采集、使用效率。用户只需填报一次个人健康状况就可获得健康码，进出社区、办公楼、交通卡口、机场火车站等场所时，无需在门岗处反复填写信息或办理临时出入证，避免了信息重复填写，减少了人员直接接触。

二、"两张网"融合的便捷化：小小"随申码"的全方位赋能

"随申码"是上海依托"一网通办"的移动 App"随申办"为上海市民打造的一款三色动态管理码。结合新冠肺炎疫情防控的需求，赋予"随申码"健康出行、防控管理的相关信息，目前已在线下园区、街镇等多个场景试点应用。同时，"随申码"也已开放给微信、支付宝、钉钉等平台，也开放社会第三方机构深度使用，共同为上海市民工作生活提供便利。值得注意的是，"随申码"不只是疫情期间使用，今后也会作为上海市民的生活服务码提供各类服务，为上海市民提供更多的便利。

（一）三色动态管理

当时，为适应新冠肺炎疫情防控需求，"随申码"首先上线的，就是健康出行、防控管理功能。具体来说，上海市大数据资源平台

依托其汇聚的国家及本市公共管理机构数据，经过数据建模、分析评估等技术手段，使"一网通办"可测算出市民的"风险状态"，用三色进行标识：显示红色说明是未解除医学管理措施、确诊未出院、疑似未排除等人员，建议隔离。显示黄色说明是重点地区来沪未满14天的人员，建议观察。显示绿色说明是未见异常或已解除医学管理措施的人员，可以通行。对于建议隔离和观察的人员，可使用"我的防疫战"健康打卡服务，记录每日体温，做好自我健康观察。

上海"随申码"的后台大数据来自方方面面，多源校核，有卫健、公安、交通等部门，也有运营商、航空、铁路甚至一些互联网公司提供的数据，经大数据计算，动态更新，结果更客观更准确，并根据用户的实际状况而动态变化。[①]

（二）服务群体多元化

一是面向广大民众，在出入居住小区、办公地点等场合，可通过"随申办"移动端的"随申码"亮码服务或者通过线下扫码出示随申码，作为"出入凭证"参考。绿码人员可自由通行，由社区、单位和个人落实相关健康监测和健康管理；红码、黄码人员禁止出入公共场所，并自觉接受相应的隔离管理及治疗措施。

需要指出的是，上海"随申办"同样支持境外人士注册"获

---

① 赵勇、叶岚、李平：《"一网通办"的上海实践》，上海人民出版社2020年版，第25页。

码"。港澳台及外籍人士只要在支付宝进行实名认证，就能通过"随申办"支付宝小程序、"随申办"App，顺利获取"随申码"。港澳人士也可直接通过注册"随申办"App 实名用户，获取"随申码"。

二是为交通卡口防控人员、社区小区防控人员、科技园区、商务楼宇人员管控工作提供支撑，防控人员可以通过使用微信、支付宝、"随申办"App 扫描用户出示的"随申码"核查获取用户基本信息、健康防控状态信息、当前定位信息，便于快速记录上报核查信息。

"随申码"小程序同样适用于全市范围内人员流动性较大的行政机关、企事业单位、工厂、医院、学校、酒店、综合办公楼、商业楼、文化体育场馆、景区等公共场所，及建设工地、封闭式管理的居民小区（村组）等。

（三）便捷化的申领与使用

上海市官方发布的"随申码"申领方式，分别覆盖了三种大家平日常用的 App：微信、支付宝和随申办市民云，通过这三种 App 扫描二维码，即可进入随申办业务选择页面，点击"随申码"入口，进入申报页面，通过实名认证资料填写和人脸识别后，即可生成你的健康状态随申码。

方式一：成为"随申办"或"健康云"实名注册用户后，点击上海发布微信"随申办"按钮，进入"随申办"微信小程序，或者打开"随申办"（App、支付宝小程序）或"健康云"平台，选择"随申码"进行获取。方式二：打开微信、支付宝或者"随申办"App"扫一扫"功能，扫描线下张贴的相对应渠道的"随申办"二维码，即可获取"随申码"。你还可以打开支付宝App，搜索"随申码"或"随申办"，点击城市服务条目，也能直接跳转到申报页面。此外，上海新型肺炎公共服务平台也在醒目位置增加了"随申码"的申报入口，并且提供返沪、来沪人员的健康信息登记服务。

"随申码"既可以主动亮码出示使用，也可以扫描进入场所的"随申码"二维码验码展示：

方法一：一键亮码。第1步：进入"随申办"App或"随申办"微信小程序、支付宝小程序。通过"上海发布"公众号"随申办"频道或者在微信内搜索"随申办"进入微信小程序；在支付宝内搜索"随申办"进入支付宝小程序。第2步：进入"随申码"入口。可在"随申办"小程序的热门服务、推荐服务、"我的防疫战"专题点击"随申码"入口进入。第3步："随申码"亮码。"人码比对"——照片实时显示，依托"一网通办"照片库，在"随申码"显示本人照片头像，进行"人码一致"的比对判断。第4步："随申码"核验。通过使用微信、支付宝、"随申办"App扫描用户出示的"随申码"核查获取用户基本信息、健康防控状态信息。

方法二：主动扫码。第1步：扫一扫张贴二维码。张贴二维码的获取方式："一网通办"总门户新冠肺炎防控专栏的个人服务专区可下载"随申码"使用指南及张贴用二维码。第2步："随申码"亮码。打开微信、支付宝或者"随申办"App"扫一扫"功能，扫描线下张贴的相对应渠道的二维码，经过"实人认证"后，即可亮出"随申码"。第3步："随申码"核验。通过使用微信、支付宝、"随申办"App扫描用户出示的"随申码"核查获取用户基本信息、健康防控状态信息。

值得一提的是，依托"一网通办"照片库，"随申码"还会实时显示本人照片头像，方便管理人员进行人码对比。用户照片一般与二维码显示在同一页面，方便"人码比对"。"随申码"所显示的照片，是基于"一网通办"统一照片库生成。采集照片的范围包括：上海户籍人员，以及在上海办理过身份证或居住证等相关业务的外省市户籍人员。如果市民对"随申码"的数据准确性有异议，也可以通过"随申码"下方的"我要申诉"留言申诉。

三、"两张网"融合的治理功效：助力数字战"疫"精准防控

当时，为支撑上海疫情防控工作，重点赋予"随申码"相关防控、健康、人员风险管控等信息，主要服务于交通卡口、社区小区、科技园区、商务楼宇、政务服务大厅等多个应用场景。未来"随申码"还将持续通过大数据赋能，不断拓展应用场景，为企业、市民的工作和生活提供更多的便利服务。

"随申码"服务能力覆盖在沪所有人士，包括境外人士。市民可

通过随申办 App、随申办支付宝小程序、随申办微信小程序三个渠道提供随申码服务。"随申码"未来会作为上海市民工作生活的一个随身"服务码"，陆续还会推出更多功能。

（一）便捷的出入通行证

"随申码"可作为进入居住小区、园区、工厂厂区、商务楼宇、乘坐公共交通工具及各级行政服务中心、医疗卫生机构（发热门诊、定点收治机构除外）、电信银行服务网点等公共管理和服务机构的通行凭证，无需另行开具相关证明材料，同时鼓励支持各类企业利用"随申码"做好企业内疫情防控工作。小区居民、家政人员、维修人员、访客在进出小区的时候，除了测量体温并出示相关出入证之外，也可以通过"随申码"来证实自己的健康情况。普通市民在出入小区、办公地点等场合时，可打开"随申办"移动 App，面向防控人员和设备，对"随申码"进行亮码；也可以像在购物时扫描店家提供的支付码一样，扫码实体的"一网通办"二维码，在手机上即时生成"随申码"。不管是何种方式，"随申码"都有条件成为一份出入参考凭证。

"随申码"为小区保安、街道工作人员引入电子扫码无接触式的信息确认方式，从而提升了小区居民、楼宇园区工作人员管理的工作效率和安全防范水平，切实保障进出人员的健康安全，为疫情期间的人员管控开启了新模式。

（二）一"码"健康出行

为进一步加强上海市交通行业疫情防控工作，积极应对复工复产与客流增长压力，保障乘客安全健康出行，根据上海市交通委要求，上海地铁从 2020 年 2 月 28 日起启动轨道交通乘客扫码登记措施。通过乘客出行信息的数字化管理，为重点疑似病患相关密切接触者的后续追溯提供数据支撑。

2020 年 3 月 2 日起，沪上公交车辆也陆续推出乘车扫码登记举措，乘客须使用"防疫登记二维码"系统进行扫码登记，实现乘车信息可查询可追溯。上海当时实现了"健康码"立体化覆盖，包括公交、地铁、社区出入、高速路、火车通行等，都有了专属"健康码"或健康申报通道。

"乘车登记码"（后来逐步发展成适应动态疫情防控的"场所码"）专属于车，实行"一车一码"，贴在车内固定位置，相当于疫情期间的车辆电子凭证，每辆出租车、公交车和每节地铁车厢都对应唯一的二维码。乘客上车扫码，把个人联系方式和所乘坐的交通工具"绑定"，后续如果要追溯重点疑似病患的相关密切接触者，就很方便了。有关部门接到疫情通报后，可通过乘车登记信息，及时联系到乘坐同一辆出租车、公交车或同一节地铁车厢的乘客，为重点疑似病患相关密切接触者的后续追溯提供数据支撑。

乘车登记码的张贴位置均非常醒目，地铁每节车厢内每扇车窗的顶部中央贴 1 张，一节车厢一般贴 8 到 10 张。公交车辆每辆车至少贴 3 张，一般位于前车厢灯箱旁和车厢中部两侧灯箱旁，71 路 18 米全程车每辆配备 6 张二维码，分别张贴在前门、中门、后门醒目位置；12 米区间车每辆配备 4 张二维码。出租车每辆车贴 1 张，位于副驾驶座前方，或驾驶座旁的防劫板上。乘客每登乘一辆公交车，可以通过微信、支付宝等 App 来扫描公交车车厢内张贴的"防疫登记二维码"，登记自己的手机号码，该二维码仅记录乘客的手机号码和乘车时间。

当时，上海地铁全网近六千节车厢和所有出租车已全覆盖。截至 2020 年 3 月 2 日凌晨 4 时，久事公交首批 800 多辆车张贴二维码，涉及中运量 71 路、55 路、66 路、115 路、942 路、220 路等途经外滩、火车站、老西门等中心区域的重点线路，后来逐步推广到全市所有公交线路。乘车扫码操作流程非常简单，公交：打开手机的微信、支付宝或云闪付等 App 扫码，随后跳出的页面会显示所乘公交车的车牌号，输入手机号，再点击"确认登记"即可。地铁、出租车：打开手机的支付宝、高德地图或微信等 App 扫码，随后跳出的页面会显示所在地铁车厢编号或出租车的车牌号，点击"登记手机号"按钮，输入手机号，再点击"确认"即可。只要操作顺利，全程都不超过 10 秒。

"请出示健康码。"这句话成为 71 路公交车司机徐师傅新的"口头禅"。只见不少乘客在公交车开门之际，就打开了手机健康码，先出示再刷"手机公交"，秩序井然地上车。而对于没有健康码的年长者，徐师傅则要花多一点时间询问其身体状况等。

每次换乘公交车、出租车和地铁，包括在同一列地铁里换了车厢，都需要重新扫码登记。交通部门也表示，扫码采集的乘客电话信息，仅用于疫情防控追溯。任何单位、部门不得泄露或用于其他用途，违者将依法严肃追究责任。乘客填写信息也仅用于疫情排查，司机无法查看。

（三）助力政务服务再升级

到了疫情防控的尾声阶段，全市各级政务服务大厅除极个别特殊情况外均已恢复开放，向企业、群众提供服务，随着复工复产企业和返沪返工人员越来越多，政务服务大厅的现场办理数量也开始逐步回升。为继续做好疫情防控工作，在进门测体温的基础上，全市各级政务大厅启用"随申码"服务，核验进门办事人员的健康风险状况。

自 2020 年 2 月 24 日起，上海市近一千五百家线下政务服务大厅已全面启用"随申码健康"服务，"绿码"通行，办理业务的人员需要出示"随申码"，显示绿色的方可进入大厅办理业务，有效维护了线下办事秩序与安全。

需要进入大厅办事的市民，可提前通过"随申办"（App、微信和支付宝小程序）或"健康云"注册为实名用户并获取"随申码"，减少现场操作等待时间。市政府相关部门同时也表示，如果市民没有智能手机、无法出示"随申码"，可按照常规步骤，在现场进行信息登记申报。无论是通过手机出示"随申码"，还是现场登记信息，都需要测量体温。启用"随申码"的政务服务网点包括上海各区行政服务中心、各街镇社区事务受理服务中心，以及各市级部门的政务服务网点。

徐汇区行政服务中心工作人员介绍说："除了在少数人流高峰期出现了短时间有四五名市民停留在门口扫码等候进入的情况，绝大多数时间，查验'随申码'这一步骤并未造成人流积压。相比手写登记，'随申码'的信息来自政府部门，真实可靠，用起来也很放心。"

黄浦区行政服务中心一位工作人员也表示："服务中心自2020年2月3日开始对外服务，日均线下平均接待两百多人，随申码的使用率在92%—95%之间，个别人的手机调不出随申码或者老年人不会用，会采用原有的方式来处理。"

为全面加强来院访客的健康管理，上海市浦东新区人民法院也将"随申码"运用到疫情期间的来院访客健康管控当中。该码支持绿、黄、红三色动态管理，助力更好地掌握访客的健康状况，并在后期结合基于人脸识别及人员定位的访客管理系统，对来访人员运动轨迹进行跟踪。来院访客入院前，可事先通过"随申办"App、"随申办"支付宝小程序、"随申办"微信小程序三个渠道自行生成代表其个人健康状况的"随申码"，也可现场打开微信、支付宝或者"随申办"App的"扫一扫"功能，扫描院内张贴的上述渠道的二维码，生成"随申码"。防控人员可根据该实时生成的个人"随申码"上的身份证照片，与访客进行"人码一致"的对比，进院访客的"随申码"必须呈现绿色，方可表示"可以通行"。浦东法院后续还会运用智慧访客管理平台，对来访人员的去向进行记录，同时通行卡中的定位芯片也可形成访客当日的行动轨迹，方便后期对相关场所进行消毒等工作。

（四）精准识别重点地区回沪人员

随着各地开始陆续返岗复工，巨大的人口流动再次给疫情防控工作带来挑战。"随申码"基于公安、交通、通信等大数据综合研判，可助力服务街道社区、道路交通卡口，快速识别重点地区回沪人员，有效支撑社区第一时间落实重点地区回沪人员居家隔离等各项措施，有效缓解基层工作人员的工作压力，提高疫情防控工作的效率和准确度。

当时来沪人员须按照上海进沪相关防控规定，通过"随申办"（App、支付宝小程序、微信小程序，可手机填报"来沪人员健康登记"），或者登录"健康云"平台完成线上"来沪人员健康登记"，主动上报个人信息，登记完成后才可获取"随申码"。全体外地返沪人员、市民、居民都可上支付宝、"随申办"App 申领。申领成功后，可在工作园区、街镇、社区等多处使用。

"现在有了健康码，我们只要严格把好进门这一关，单向体温检测，减轻了不少工作量。现在绝大多数老年人也申请了健康码，真的很方便。"一小区入口的值班人员表示。

浦东公租房公司也积极响应，联合租户、众志成城共渡难关，通过上海发布的"随申码"针对受理中心及浦三路 930 弄、上南路 3323 弄和枣庄路 1029 弄等集中管理小区，进行出入动态管理，降低了人员高密度聚集小区发生交叉感染的风险。

在各大入沪的高速入口处，更能感受到随申码的快速便捷。已成功申领上海健康码绿码并且完成"健康出行申报"的司乘人员，进入高速公路防疫检查点后，只需出示健康出行码与身份证，完成体温检测，即可通过专门通道驶离，过程仅需 15 秒左右。

"随申码"的广泛使用使交通卡口防控人员、社区小区防控人员、科技园区、商务楼宇的防疫人员能更快速地记录上报核查信息，减少了直接接触，大大减少交叉感染的风险，也节省了大家的时间。

（五）返岗复工的有效保险

随着全国大部分地区进入返程复工阶段，大批人员进入各地城市，亦给疫情防控带来压力，复工潮带来了疫情反弹的隐忧。显然，在一手抓防控、一手抓复工、两手都要硬的情况下，需要克服困难，采取更有效的预防措施，保障各地复工复产有序开展。此前，各地大都采取人工填表、申请书、审核、承诺书等方式，不仅手续繁琐、效率低下，也无法做到全程追溯，难以达到严格防控的效果。而且，各地政策不一、互不相认，导致人员跨地区流动时，就要面临重复检测、填报、隔离等，费时费力，耽误企业复工时间。

"随申码"的优势在于便捷、高效，避免了重复填报申请。依托支付宝、微信等平台和实名认证能力，用户无需重复注册，健康申报信息将自动匹配入库，审核通过的可申领健康码，需要通行时出示手机，扫码识别即可知晓健康状况。而且，健康码采取"绿码、红码、黄码"三色动态管理，对于出入疫情重点地区的人员，会根据其行动轨迹，进行动态变化，使得健康码全程溯源，更便于防控管理。

园区、商户通过运用"随申码健康"助力入驻企业复工及往来客户的疫情防控，利用信息技术为疫情防控赋能，实现电子登记、全程溯源、一码通行的效果，达到了防控复工两不误的目的。

嘉定工业园区把员工的健康绿码作为企业复工的前提条件，辖区内重点楼宇均落实了"健康指导员"，引导楼宇内员工通过随申码出入，外来办事人员由指导员现场指导申领，登记后凭码进入。园区负责人介绍说："今天早晨8点到9点这一个小时，进去的员工就有三百多人，多亏有了这个随申码，测个体温校核一下绿码就可以进去了，不然又是身份证、又是通行证还得一个个登记，这队伍排到中午都不一定能进完呢！有了这个随申码，我们可以很直观地了解到进入楼宇人员的健康状态，减少了排队登记的时间，即使在早上上班高峰期也很少出现人员集聚拥挤，降低了交叉感染的风险。"

在上海，企业复工复产、人员出入各类公共场所，越来越多的场合都需要出示"随申码"，多家餐厅、理发店、民宿也都相继引入了"随申码"。位于上海九六广场的渝利火锅店于2020年2月29日复工开店，所有顾客进店前需要登记、测温、消毒并检验"随申码"，店内的桌位均相隔一段距离，员工和菜品也都做了精简。在顾客孙先生看来，"随申码可以通过微信、支付宝进行操作，使用起来很方便"。

后来上海各大商圈也陆续重新开门迎客了，但对于疫情防控仍未放松，进入商场看健康码成为重要环节。"出示一下健康码，也不麻烦，毕竟为了大家的健康着想。"市民秦小姐说，现在出门，口罩、健康码一个不能少。

（六）跨省域的互通互认

虽然长三角各地区都普遍使用了"红、黄、绿"的三色"健康码"，但规则不统一，三色对应的具体规定不一样，对人员的隔离措施也不同。而且，"健康码"存在很强的地域性限制，本地与异地"健康码"不互认，导致"健康码"不能跨省市使用，无法做到"一码行天下"的效果，每到一地都需要重新填报信息、申请，不利于人员跨省市流动，也阻碍了复工复产政策的落实。

2020 年 2 月 27 日，长三角三省一市再次召开视频会议，深入学习贯彻习近平总书记在统筹推进新冠肺炎疫情防控和经济社会发展工作部署会议上的重要讲话精神，围绕统筹疫情防控和经济社会发展，进一步合作建立五项工作机制。其中一项便是建立长三角健康码互认通用机制，在一手抓疫情防控、一手抓经济社会发展过程中，加强协同、精准衔接、相互赋能，充分发挥"3+1 ＞ 4"的效应，助力疫情联防联控、精准防控，同时方便市民有序出行，帮助恢复社会生产生活秩序。

长三角地区将共享互认健康码，江苏、浙江、安徽三省的健康码效力与上海"随申码"等同。按照"有码认码""无码认单"原则，为三省一市乃至更多省市的务工人员返岗、企业复工复产、群众工作生活提供更多便利。根据健康状况、来源地、曾经与病例接触程度等情况，市民的"随申码"分为绿码、黄码、红码三类。持绿码的市民可自由通行；持红码、黄码的市民禁止出入公共场所，并应当自觉接受相应的治疗或隔离管理措施。

按照协议，长三角地区遵循"机制相通、规则互认、数据共享"原则，围绕复工返岗、跨省出行、基层管控等场景，通过技术升级、机制微调等方式，实现省市间疫情防控"健康码"互认，提升疫情防控期间跨省出行便利性。长三角地区的健康码可通过三种方式实现跨省互认：一是"亮码"互认，持对方省份"健康码"人员，可参照本省"健康码"规则予以亮码通行或落实相关管控措施；二是"验码"互认，双方可通过扫码验证方式，提取对方省份人员出示的"健康码"信息，共享人员健康状态等数据，确认应采取的管控措施；三是"转码"互认，跨省使用"健康码"时，验码省份同步提取发码省份相关数据，自动转换生成当地"健康码"。

2020年2月19日，在长三角一体化示范区内，上海青浦区、江苏吴江区、浙江嘉善县三地往来人员、车辆通行证实现互认。根据相关通告，三地检查点对往来人员核实身份无误、体温测试无异常后，可在本区域通行，免去重复登记环节，节省通行时间，同时参照本地居民对待，不要求采取隔离措施。人员、健康码的跨省互认，避免了重复检测、认证环节，极大地提升了长三角区域内资源要素的流通，提高了防控复工效率。此外，长三角一体化发展示范区执行委员会还制定了信息动态互通互鉴，人员流动互认互通，共保物资运输车辆通行，合并交界点临近卡口，应急物资互帮互济，社会治安联合管理等联防联控机制，有效促进了示范区企业复工复产。

四、"随申码"赋能精准防疫——"两张网"融合发展的实践探索

"随申码"是大数据技术在防疫领域的一次生动运用，能有效平衡疫情防控和企业复工关系，有力推动"两手抓""两手硬"。小小"随申码"，意义绝不容小觑。这意味着个体健康信息将成为个体流动的通行证，疫情防控下的人口健康流动将成为可能。信息流、物资流、人口流动全方位实现以后，等于完成了良性流动的闭环，为数字化"战疫"增加重要筹码。它等于编织了一张全民健康网络，可以有越来越多的应用和赋能。三色的随申码的应用是"两张网"融合发展的具体实践，对推进上海新冠疫情防控直接起到重要的支撑作用。

（一）"随申码"是精准防疫的一把利器

"随申码"是上海运用数字化信息技术助力疫情防控和城市精细化管理的一次成功实践。"随身码"的三色动态管理让个人健康信息汇总为居民防疫大数据，能有效分析每一位在沪及来沪居民的"个人信息"，并按其情况定制防疫管理举措。"随申码"建立了人群健康身份的精准识别机制，并促成健康身份信息在社区、机构、单位和公司之间的互认互通，解决了人员出行与隔离的矛盾，让该出门的人出门、该隔离的人隔离。

对于市民而言，一方面，"随申码"通过线上操作就能获得，既自主便利又减少现场填表申领带来的面对面接触风险，另一方面，"码"上通行更便捷。在线申请免去了到单位开证明的麻烦，减少了被传染的风险；上班"企业打码"、下班"社区扫码"、出行"健康亮码"，简单明了易操作。对企业而言，这可以准确掌握员工健康状况，便于及时作出工作安排，也利于实施对应防控措施，减少复工复产带来的防疫风险。

对政府而言，"码"上监管更精准，依托红码、黄码、绿码管住重点人、放行健康人，同时通过行踪轨迹比对、综合研判，既可以为精准防疫提供第一手资料，也能提醒市民做好必要的防护工作。

到2020年6月，疫情防控工作已出现积极变化，但总体形势依然严峻复杂。随着生产生活秩序逐步恢复，"外防输入、内防传播"的压力更大，实行分区分级精准防控、统筹好疫情防控与经济社会秩序已成为绕不过的当务之急。实施数据化管理、数字化分析，已经成为精准施策的硬核环节，已成为城市治理现代化的必由之路。必须运用数字赋能，实现既严格防控又有序复工、方便出行，助力城市正常运行。

（二）"随申码"是城市精细化治理的重要突破

在此次疫情的防控当中，数字化、网格化等精细化治理手段开始被各地相关部门重视并广泛使用，"随申码"可谓一个重要里程碑。经此一"疫"，城市公共治理有望带上"数字化思维"。数字化城市治理强调各治理主体应充分借助新兴技术，创新运用数字技术、网络技术，尤其是移动互联网、大数据、超算技术、云计算，引导治理资源重点投向公共风险预测、公共风险识别、公共风险评估等环节的技术开发、系统建设，为城市治理建构起有科技支撑的数字化预警系统。[1]

推进城市治理现代化，需要发挥包括数字技术在内的科技支撑作用，坚持人民群众需求和问题导向，逐步形成基于系统治理、依法治理、综合治理、源头治理的数字化转型框架，打造以数据驱动、平台应用、人机协同为主要特征的治理新模式。

小小"随申码"，彰显治理大智慧。疫情防控进入新阶段，挑战

---

[1] 明承瀚、徐晓林、王少波：《政务数据中台：城市政务服务生态新动能》，《中国行政管理》2020 年第 12 期。

依然不少，但"办法总比困难多"，依托"随申码"打好精准、严密、智慧管控的"组合拳"，既能抓实抓细疫情防控工作，更能畅通人流、物流、商流，为夺取疫情防控和实现经济社会发展目标的"双胜利"夯实基础。应对当下疫情严峻形势，"随申码"的综合积极效应是显而易见的。它可以在城市治理、人口流动、全民健康状况动态管理等方面起到重要作用，对人群进行分类管理，持有"绿码"的健康人员可以正常复工、复学，持有黄码、红码的人则需要隔离和医治，一方面有利于精准医疗，另一方面也有利于有序恢复生产。

（三）"随申码"是诚信社会建设的一块试金石

"随申码"的推出，不仅是数字化精准管理的一次有益的尝试，也是对社会公共信任的一次大检阅，在这疫情防控的关键时刻，需要我们许下一个不见面的承诺，用诚信打赢这场防控疫情的攻坚战。"随申码"就是诚信社会建设的一块试金石，其中行程、接触人群、身体状况等信息，完全依靠自行填写。自觉是最有效的措施，对不自觉的人严惩，是对自觉的人的最好保护和褒奖。虽然有大数据系统可以核实每个人填报信息的真实性，但这是一项复杂而巨大的工程，不可能面面俱到，这就需要每个人自觉诚实填写。随申码需要市民诚实填写，但这不单单是道德问题，更涉及法律问题。政府实施科学管理的同时，更需要民众的自觉与诚信。

现代社会，每一个人的生活都不能仅仅依赖于个体，而必须更多地依赖于社会生活中的他人，依赖于政府部门及公共机构，依赖于存在于这个社会中的规则。自觉遵守这个规则，诚信对待他人和社会，是对社会的最大的贡献。私人信任是面对面的认可，公共信任是不见面的承诺。公共信任的基础是公民诚信，没有诚信就没有信任，没有信任的社会将会崩溃。①

　　个人的主动担当是公共健康、城市安全的基础保障，对广大市民来讲，在继续做好自我保护和自我管理的基础上，要主动申报、实事求是地填写信息，确保"健康码"真实准确有效。政府职能部门也要将之纳入征信体系建设，对瞒报、漏报、瞎报等行为"亮红灯"，同时强化联网联防联控，把疫情防控的严密防线织得更密更紧。

（四）"随申码"是城市治理模式的一次重构

　　首先，"随申码"不仅是一种新的技术应用，其实它重构了一种新的组织模式，是一种高度扁平化的社会管理模式。将社会上个人—部门—单位—社区—街道—县区—地级市—省—国家这七八个层级的管理模式直接简化为两个层级，那就是用户和平台。所有用户直接填录信息，平台自动统计管理，而时时刻刻统计分析汇总，均不用任何人工插手，管理人员从日常繁琐的记录、统计职责中解放出来，只要应用这个系统进行身份识别就可以了。更高的管理层

---

　　① 刘淑妍、吕俊延：《城市治理新动能：以"微基建"促进社区共同体的成长》，《社会科学》2021 年第 3 期。

级也无需进行机械统计、汇报，直接应用这个统计结果就可以了。而且这个统计结果将通过实时的可视化数据向管理人员进行展示，这也是手工统计报送简单数据时很难做到的，因此对于管理决策的辅助也将会更加有力。通过这个程序，减轻了海量的行政成本付出，将有限的行政管理资源投入到更紧要的防控工作当中，可直接提升防控能力和效率。而将相关统计数据与现有数据进行自动关联、分析，时时展现了背后隐藏着的社会运行规律，更是将整体的社会治理水平提高到新的高度。

其次，"随申码"将一个行政管理的场景转换为自我打卡的自组织场景，强化了社会的一种自组织，也就是自我管理的意识。但这个自我组织是高度有序的，比行政管理的效果更好。这个随申码系统不仅有熟悉的红黄绿设计，灵感来自红绿灯，而且根据每个地方的规则要求，后台可以自主修改，实现各地的个性化管理，通过调节算法进行管理。但是基础的工作，身份识别、信息填录、每日打卡这些工作是由用户完成的，用户据此获得更加方便的出行自由、顺利复工的便利，相比于手工填录信息，管理者与被管理者都省力。

再次，一场疫情，一次大考。数字生活的便利与变局，或许就是风雨后中国经济韧性与张力之所在。数据化管理、数字化分析，已经成为精准施策的硬核环节。信息时代，要充分发挥信息共享和大数据的优势，让其发挥最大效能，助力防疫工作事半功倍、取得更多突破。在全国多地陆续推广扫码防控的情况下，加强全国信息化大数据联网，联合各大数据平台整合梳理有价值信息，形成研究报告或模型分析，有利于疫情过后更好地为居民提供精准化的公共服务。从系统治理角度看，必须聚焦未来数字化转型趋势，善于从若干关联性数据中构建适应城市基层社会治理的逻辑架构，推动权力下放，做好部门业务联动与统筹协调，着力在信息共享机制和治理变革模式上创新突破，为实现城市治理数据贯通提供技术支撑，包括大数据、人工智能、区块链等。[①]

（五）"随申码"是有效链接政务服务与市民服务的桥梁

"随申码"自诞生起，便同时肩负着优化政务服务与市民服务的双重职责。疫情防控期间，"随申码"的功能更多是在政务服务环节中不断拓展，在疫情防控常态化阶段，"随申码"的功能将更多在市民服务环节不断深化应用，越来越多的便民服务功能会叠加应用。据上海市交通委介绍，自 2021 年 12 月 30 日起，市民凭"随申码"可以乘坐上海地面公交和轮渡，招募成功的用户还可以乘坐部分地铁线路。市民在"随申办"App、"随申办"微信、支付宝小程序中完成"随申码"的交通场景授权配置，并签约支付渠道后，即可实现"随申码"的开通使用。在上海久事集团和上海市大数据中心的支持下，公交和轮渡场景应用方面完成了 1560 条地面公交线路（不含奉贤 BRT 和松江有轨电车）、全部 17 条浦江轮渡线路的软硬件升级改造，实现了"随申码"在地面公交、轮渡的全面应用。

---

① 王波：《数据治理引领智慧应急发展》，《中国应急管理》2020 年第 11 期。

在地铁方面，由于涉及大量基础设施的改造和建设，申通地铁将分批对市民进行开放。未来，上海市交通委将继续和上海申通集团、上海久事集团以及上海市大数据中心合作，推进"三码整合"工作，以实现"随申码"在轨道交通、地面公交、轮渡等领域的通行，不断提升"随申码"的服务能力，为市民提供"多场景、全流程"的闭环服务体验。

总之，"随申码"的开发和利用是"一网通办"和"一网统管"融合发展、共同发力的成功实践案例，从服务到管理、寓管理于服务之中，实现服务和管理的有机融合，大大赋能上海新冠疫情的精准防控和科学防控，为上海新冠疫情防控取得阶段性成功提供了技术的保障和有力的支撑。

五、"大上海保卫战"中"随申码"应用的信息局限及优化升级的思路

"随申码"是上海市新冠肺炎疫情防控倒逼出的数字化创新工具，"随申码"的推广应用实现了市民信息数据的统一管理使用。但在2022年3月以来"大上海保卫战"中，"随申码"在具体应用中暴露出部分问题，如个人信息泄露风险内生于"随申码"运行本身，"随申码"应用程序所固有的算法偏见也存在无端放大市民个人风险的可能性，同时，"随申码"的实践应用也未能发挥它的便

民通行实效，基层政府"有码不认"、行政区域间"码上加码"的困境昭示着"随申码"的未来发展方向。如何为"随申码"升级设置边界，防止"随申码"沦为限制个人信息、出行权益的工具，打通"随申码"与其他健康码间互认互通边界，是未来"随申码"发展应着重考虑的问题，也是"随申码"在实战中需要进一步检验和优化的地方。

（一）"随申码"应用中的信息局限

"随申码"是上海超大城市精细化管理的重要举措之一，目前已经成为政府管控、社区管理、个人出行的重要数字化工具，在病毒溯源、防控救治、复工复产等方面发挥了重要作用，然而，在"随申码"实际应用中，仍存在一定局限和问题。

第一，"随申码"个人信息泄露问题。"随申码"的运行伴随着个人信息收集与分析，其无疑就像一个虚拟的盯梢者一样，随时记录和汇报个人信息主体的行踪、举动、人际交往关系。[①] 而且，个人信息资源在政府管理、社会运作方面有巨大效益，加之制度和技术监督缺位，个人信息泄露风险难以根除，频频爆出的个人信息安全事故在疫情趋缓后，开始引起社会大众的担忧。一方面，"随申码"所存储的个人信息是个人的主要身份信息，包括姓名、身份证号、生活轨迹、家庭住址、工作信息、健康信息

---

① 宁园：《健康码运用中的个人信息保护规制》，《法学评论》2020年第6期。

等个人隐私信息。这些信息在原始采集、上报和数据流转环节并没有设计数据防攻击、防泄露、防窃取等安全防护技术，信息一泄露，便可能给有关人员日常生活与政府疫情防控带来较大危害。同时，"随申码"数据采用的是集中存储方式，由统一部门、统一平台管理，这种存储方式增大了风险信息泄露的风险。2022年8月，有关媒体曝出上海"随申码"4850万用户数据泄露一事。随后，上海市大数据中心的一名工作人员回应称，他们只负责研发，数据并非他们泄露。该事件在网络上引发广泛社会舆论，因为不论哪一环节出现问题，数据一旦泄露，这些数据就会被无限复制利用，将给受害者带来长时间的影响。

第二，"随申码"算法偏见导致风险无端放大。"为什么我的核酸检测结果是阴性，而'绿码'还是变'黄'了？""我的前几天还是'绿码'，也没有到处乱跑，为什么突然变'黄'了？"此类"随申码"生成和运作过程中的算法偏见问题在上海新冠肺炎疫情防控中时有发生。所谓算法偏见问题，也即算法在对公民个人的风险进行评估时，对某些风险要素进行无端放大，或者按照算法流程的惯性思维得出不符合实际的评价。[①] 在设计"随申码"程序时，对算法程序的设计及衡量指标的选取出现偏差，或未根据政府新规及时更新"随申码"赋"码"规则时，便会出现"随申码"颜色码

---

① 陈禹衡、陈洪兵：《反思与完善：算法行政背景下健康码的适用风险探析》，《电子政务》2020年第8期。

结论不准确的算法偏见问题。此类算法偏见问题会严重影响公民个人的正常生活和社会正常运作，既侵犯了公民的合法权益，也给政府新冠肺炎疫情防控工作增加负担。在"随申码"赋"码"过程中，若出现算法偏见问题，市民对码色有疑议，根据上海市政府规定，市民可以通过12345市民热线进行电话申诉，或者通过"随申办"进行在线申诉，再等待工作人员核实。例如，对于显示为"确诊病例""无症状感染者"类型的红码，市民应上传出院证明等证明信息，工作人员将上传信息分门别类，再分别转送至相关部门。从赋错码到历经申诉、审批等一系列程序，本应为绿码的市民正常生活将会受到影响，极易引发社会民众的消极抵触情绪。

第三，"随申码"应用中的"有码不认"困境。在属地责任制下，"随申码"应用中存在"有码不认"问题。具体而言，"有码不认"是基层政府和街道、社区在新冠肺炎防控过程中出现的"认证不认码""层层加码"问题。自2020年初新冠肺炎疫情伊始，上海许多小区、街道实施封闭管理，"出入证"成为居民的生活必需品。在2022年"大上海保卫战"期间，"出入证""通行证""场所码""邀请卡""核酸码"等证件、二维码类型层出不穷，以至于居民、外卖员、快递员在进出小区、公共场所时，除了需要出示"随申码"，还要根据该场所的差异化规定，进行测温，出示"行程码""通行证"，扫"场所码"，经过"健康核验一体机"检查等。比如，2022年7月左右，"大上海保卫战"已取得初步成功，居民对快递、外卖进小区的呼声也大了起来，有的小区已经允许快递外卖进入，但仍有不少小区只允许外卖进入，或只允许快递进入，也有小区始终不让快递外卖进入。配送人员进入小区，除了要出示"随申码"和前述的各种通行证件，还需要街道、居委、物业三方同意，再征得居民同意，"如果有业主反对声音特别大，就会考虑缓一缓"。可见，在新冠肺炎疫情防控过程中，"随申码"还尚未能发挥它应有的"通行证"作用，甚至有的小区在门口就张贴着"随申码"的宣传海报，可以当场扫码申领，却不能"凭码"出入。

第四，"随申码"与其他健康码互认互通问题。目前健康码各地以自建为主，并且在信息的收集和处理及健康码系统的算法上存在差异，使用时不统一也不互认，导致一个公民可能拥有不同的健康码，且反馈出不同的风险结论，从而给公民日常出行造成诸多不便。由于不同类型的健康码之间存在客观差异，基层工作人员在依据健康码进行风险判断时，面临不同类型健康码间的适用冲突风险。[①]比如，有市民作为外地返沪人员，在其他省份已经隔离14天，可以自由出行。回到上海申请"随申码"后，"随申码"呈绿色，但根据行程轨迹，居委会依旧要求其居家健康管理14天。同样地，上海不同场所有不同的核酸检测时限规定，对外来返沪人员而言，即使在乘坐飞机、火车前刚进行过核酸检测，回到上海，健康码转换成"随申码"，核酸记录也会"消失"，需要重新检测。关于"随申码"

---

① 陈禹衡、陈洪兵：《反思与完善：算法行政背景下健康码的适用风险探析》，《电子政务》2020年第8期。

与其他健康码的互认互通问题，早在"随申码"出现初期，上海市政府相关部门就回答过市民的相关问题，并承诺，政府正在推进长三角健康码互认机制，确立互认原则，为三省一市乃至更多省市务工人员返岗、企业复工复产、群众工作生活提供更多便利。但截至2022年7月28日，因技术等多方面原因，"随申码"只在核酸检测结果方面与长三角互联互通，在其他方面以及与其他健康码的互认互通仍未实现。

综上，"随申码"在2022年"大上海保卫战"中的确暴露出不少问题和短板，正如上海市委主要领导在市十二次党代会上指出的，城市数字化转型特别是治理数字化还要在实战检验中提高水平。在今后的"两网"融合发展实践中，需要立足于适用层面，完善制度设计，增强"随申码"韧性，逐渐消除其所面临的风险冲突，更好地发挥"随申码"疫情监测和追踪的功能。

（二）"随申码"应用的迭代升级和优化的思路

为了提高"随申码"的运行质量，发挥"随申码"在助力上海市精准防疫方面的作用，在今后"随申码"的建设中应当注意几方面的问题：

第一，"随申码"个人信息使用的目的限定。"随申码"作为公共卫生监测工具，对"随申码"个人信息的应用目的应具有限定性，限定于新冠肺炎疫情防控和其他必要的公共服务领域。一方面，"随申码"诞生于新冠肺炎疫情期间，依靠上海大数据中心汇集的本市数据和国家海量公共数据，实施"绿码、黄码、红码"三色动态管理，以此作为个人健康的参考凭证，其应用目的指向满足防疫所需的人口空间管控和疫情追溯排查。同时，出于推进国家治理现代化的需要，"随申码"衍生出防疫以外的应用。2021 年 7 月 27 日，上海市政府举办新闻发布会，明确提出，上海市推广"随申码"的社会化应用，作为个人和企业等市场主体的数字身份识别码，除了疫情防控所需的"通行"功能，也应用到健康医疗、交通出行、文化旅游等场景中。但"随申码"应用延展需注意的是，其应用仅限于公共安全和公共服务领域，不能被用于商业用途等其他目的，且不能违背人本主义价值导向。①

第二，"随申码"自我纠偏机制的构建。算法是"随申码"生成和运行的基础，但依托大数据技术的算法在赋码等方面亦非百分百准确。虽算法偏见无法彻底根除，但利用现有技术，构建"随申码"报错机制，尽可能地将算法偏见导致的运作误差降到最低，可以保证"随申码"运作的准确度。"随申码"报错机制的建构可以从算法调适和人工审核两部分出发。目前，"随申码"错误申报主要通过人工审核方式进行，市民通过 12345 热线电话或"随申码"小程序"申诉"按钮进行申诉，后台人员根据申诉要求对问题进行解决。在此基础上，"随申码"算法程序中应增设报错程序，当算法自身检测到运作错误或接到市民申诉，"随申码"可自主进行算法调节或将算

---

① 单勇：《健康码应用的正当性及其完善》，《中国行政管理》2021 年第 5 期。

法调节要求传至技术人员，促进算法学习并自我完善，从源头解决"随申码"算法偏见问题。

第三，"随申码"应用的制度完善。"随申码"的生成和应用主要由政策推动，但由于制度不完善、监督不到位，基层政府和街道、社区自我裁量权缺少约束，导致"随申码"应用中出现"有码不认"困境，影响市民正常工作生活。要实现"随申码"应用中的"有码认码"，还需要有充分的法律授权和系统性的制度证据。这就涉及地方性法规、规章等法律规范体系的构建。

第四，"随申码"与其他健康码间的互认互通。新冠肺炎疫情防控需要跨行政区域、跨部门的统一协调，建设全国统一管理的健康码，实现"一码通行"是大势所趋。2022年9月2日，国家卫健委举行新闻发布会，相关负责人表示，目前正在会同相关部门，不断完善健康码管理，推进健康码互通互认，在支撑疫情防控的同时，最大程度便利公众正常通行。"一码通行"问题讨论由来已久，但相关部门也提到，受技术原因掣肘，"一码通行"暂不可行，中国人口基数庞大，大规模人群检测所需数据量在上传互认时存在很大难度。不过，"随申码"核酸数据已可以在长三角地区互认，其他方面的互认互通将随着技术发展得以解决。在现阶段，若同一层级健康码间发生冲突时，结合行为人时间因素和空间因素的权重进行综合分析，最后选择权重高的健康码作为行政决策判定是可行的发展思路。

第四章 精准养老:"两张网"融合发展 助力浦东养老服务平台建设

近年来,上海进入深度老龄化社会,老年人口规模大、高龄化、空巢化的问题日益突出。作为上海老年人口数量最多的一个辖区,浦东新区人口老龄化形势也十分严峻。据统计,截至 2021 年底,浦东新区 60 岁及以上户籍老年人口超过 105 万,约占户籍总人口的三分之一。为更好满足群众的养老需求,浦东新区及时启动养老服务综合改革试点,突出保基本、惠民生、促发展,统筹服务资源、激活发展动能,完善养老服务体系,努力提升老年人及其家庭的获得感、幸福感、安全感。其中"两张网"融合发展在浦东新区养老服务平台建设中发挥了至关重要的作用,成为推进浦东新区养老事业发展的助推器。

一、"两张网"助力浦东养老服务平台建设的背景和动因

提供高质量养老服务，是保障老年人群体晚年幸福的重要基础，也是打造高品质生活的必然要求。随着人口老龄化不断加剧，传统养老模式越来越难以为继，急需借助现代科技手段提升服务效率和水平。为此，浦东新区在全市率先开展科技助老和智慧养老服务，开发出贴近老年人实际需求的系统平台，丰富应用场景设计，并形成了颇具特色的养老服务模式。具体可分为四个阶段。

（一）1.0 阶段：科技助老期（2014—2015 年）

2014 年 8 月，上海市出台《关于推进老年宜居社区建设试点的指导意见》，提出以信息化建设为支撑，逐步提升为老服务水平。通过建立统一的信息系统和数据库平台，推进养老服务事项在网上办理。将全市 40 个社区列入首批"老年宜居社区"试点，主动引入市、区两级信息化平台的应用终端，完善信息平台的操作应用，及时掌握并实时更新为老服务设施和服务信息。浦东有 8 个社区纳入本次试点，建立养老服务信息化平台，以居家养老的老年人为主要服务对象，并向全区所有老年人口覆盖。通过科技设备和管理手

段，将各街道、社区、社会组织及其他社会资源纳入服务体系，为老年人提供日常生活、电话关爱、紧急救援、老人走失实时定位等服务。

2015 年，新区在首批 8 个试点社区基础上，增加了 10 个社区试点，涉及塘桥、潍坊、高行、康桥、周浦 5 个街镇。通过梳理分析养老服务"五个清单"，即日常需求、服务项目、服务设施、人才队伍、政策机制等，推动养老服务网点化、集约化、智能化。通过推动养老科技设施和信息化管理相融合，建立起一张由三百多家专业服务团队和加盟商组成的服务网，为全区老人打造了"无围墙的养老院"。

（二）2.0 阶段：综合为老期（2016—2017 年）

2016 年 10 月，"上海市综合为老服务平台"上线，全市老年人由此能够更加方便地获取养老服务信息和资源。浦东新区持续推进"五位一体"的社会养老服务体系建设，长者照护之家、老年人日间照料中心等各类养老服务供给不断完备，机构型、社区型、居家型等养老服务业态日益丰富，与此相联系的服务资源相对分散、信息不对称的问题也逐渐凸显。2016 年底，浦东新区完成区级综合为老服务平台的改版上线，半年后街镇科技助老服务站点数由 5 个扩展到 16 个，"市—区"两级平台、"市—区—街镇"三级网络的架构率先建立，从而形成了全人群覆盖、全方位服务、全过程管理、全天候响应的养老服务支撑体系。

（三）3.0 阶段：**智慧养老期**（2018—2019 年）

2018 年 10 月，上海政务"一网通办"总门户正式上线，目标是让所有面向市场主体和市民群众的政务服务事项"进一网、能通办"。2019 年 5 月，市民政局正式开通"上海市养老服务平台"，推进养老服务事项从"好办"向"快办"转变。与此相类似，新区民政局开始对原有老龄网进行改版升级。在前台，充分运用公众号和网站平台，积极推送为老服务政策信息和设施项目，增加为老服务的社会知晓度。同时，在后台建立为老服务数据库，对数据信息进行分析汇总后，及时报送到市级综合为老服务平台，实现市区两级信息的共建共享。推动政策和技术的衔接互动，帮助老年人在平台上直接开展申请评估等事项，通过线上办理免去了群众来回奔波之苦。

（四）4.0 阶段：**数字化养老期**（2020 年以来）

随着信息技术的普及应用，数字服务开始走进千家万户，成为群众日常生活的重要组成部分。2020 年 5 月，上海启动城市运行"一网统管"建设三年行动计划，开始把养老服务纳入"一网统管"建设体系。浦东新区围绕养老服务的安全便利要求，着眼于"一网通办"和"一网统管"的融合互动，依托综合为老服务平台，加强数据共建共享和业务协同联动，推进了养老服务事业的稳健发展。先后承担了"为老信息服务统一门户网站""养老服务行业管理统一入口"及"为老服务资源大数据库"三项功能，迅速提升服务能级和水平，起到了良好的社会效益。通过有效链接各类为老服务信息，不仅涵盖了为老服务各项综合数据，方便公众浏览查询，而且强化了机构人员的动态管理，推动了行业服务监管。2021年10月，浦东新区推出"浦老惠"养老服务平台，把全区的养老资源整合在一个数字平台上，让老年人只需要拿出手机动动手指，就可以一键申请11项微场景服务，满足日常生活中的"高频"需求，借助数字赋能提升居民养老服务的获得感和安全感。

二、"两张网"助力浦东养老服务平台建设的具体实践

（一）完善政策举措

1. 制定养老服务政策

2020年6月，浦东新区印发深化养老服务实施方案，围绕提升养老服务能级，提出搭建智能化为老服务信息平台的目标任务。文件要求，要依托"家门口"服务智能化平台等，实现养老信息共享，数据信息更加精准及时，养老服务办理流程更加简单便捷。推进浦东新区科技助老服务平台升级换代，完善各项养老助老服务功

能。加快建设社区智能化应用场景，强化科技、智能产品在养老服务包括嵌入式养老领域中的应用。加强资源统筹利用，发挥信息化技术优势促进供给和需求的双向对接，建设成为"没有围墙的养老院"。鼓励引导企业自主研发智能化为老服务设施、产品，设计智慧养老专业技能课程，创新智慧养老服务项目，惠及广大老年群体。

2021 年 11 月，浦东新区出台"十四五"养老服务发展财政扶持意见，明确智慧养老平台开发运营及长者智能技术运用能力提升等信息无障碍服务，所需建设资金均由新区财政承担。对纳入市应急呼叫全覆盖项目的老年人，以及申请安装紧急呼叫装置的独居老人等群体，新区财政也承担相应费用。

2. 推进"两张网"政策落实

对"一网通办"工作，浦东新区要求以更高效、更便捷、更精准为目标，以好办、快办、一次办成为核心，加快数字化转型和智能化应用，进一步提升"一网通办"的服务水平和体验效果，不断增强企业群众的获得感和满意度。要进一步提升线上线下服务能级，不断拓展公共服务领域，提高平台服务能力，全面深化数据治理。要深化"一业一证"改革，提升在线申办的便利度；优化完善"企业专属网页"，增强服务便利性，提升企业在专属网页办事的黏性，提供更加智能、高效、主动的个性服务；全面深化窗口"政务智能办"新模式，逐步实现高频事项、服务终端和办事过程全覆盖。对"一网统管"工作，浦东新区要求以提升企业侧感受度为重点，持续深化政府侧改革。通过强化数据的归集共享，着力推进大数据应用场景建设，从而实现人工智能向政府管理的赋能增效。为此，浦东新区把养老服务事项纳入"一网通办"和"一网统管"系统，分别在"随申办""一网通办"政务平台和"城市大脑"综合管理平台设立养老服务模块。

（二）完善基础保障

1. 织密社区养老服务网

近年来，浦东新区立足社区发展实际，积极推进社区养老服务综合体建设、社区助餐服务场所建设和家居环境适老化改造。每个街镇或社区基本单元，可根据区域面积和实际需要，至少设置一个一千平方米左右的社区综合为老服务中心。织密嵌入式养老服务网，对照"15分钟服务圈"要求，逐步完善长照、日托、助餐等设施功能，积极拓展设计养老服务"微空间"，强化设施、服务和情感的嵌入支持，尽量让老年人实现原居安养。坚持公共性原则，加大养老服务功能设施的收费导引力度，倡导简约式、"清单式"消费。做实区域化党建功能，大力开发一批项目式、清单式认领项目，引导更多企业机构、公益组织和社会团体广泛参与，营造全社会关心支持养老事业的良好氛围。此外，浦东新区在全市率先开展家门口养老服务、养老机构星（等）级评定、长者喘息式服务、养老微空间等工作，这些为养老服务信息平台建设创造了良好条件。

2. 完善养老服务平台

2021年10月，浦东启动"浦老惠"养老服务平台的开发运营，构建养老服务电子地图，提供完善的综合服务，努力让养老服务像网购一样方便快捷。目前，这个平台已经汇聚了全区各类养老服务资源，通过把相关的设施条件、服务内容和基本信息，以直观形象的方式进行标识，实现了全区养老服务资源一图可知；通过适老化的页面设计，为老年人快速查询和办理提供方便，实现了养老服务事项一键可办。在"浦老惠"公众号上，老人及家属可以随时办理养老院入住、助餐申请、辅助租赁等事项，实现了养老服务的触手可及。

从应用场景看，针对老年人的日常需求，"浦老惠"平台的服务范围涵盖了养老院入住、护工上门、紧急设备申请、养老顾问、法律援助等11个养老微场景。目前开放了8个养老服务微场景，基本解决了老年人日常生活需求。

从主要功能看，主要包括了一键咨询、养老地图、爱心公益、视频直播等模块。一键咨询模块，用于快速查询养老服务政策。在传统文字输入查询方式的基础上，增加了语音输入功能，还可以通过语音播报查询结果。养老地图模块，用于查看服务资源清单，包括养老院、睦邻点、老年助餐点、老年活动室、养老顾问点等八大类资源。爱心公益模块，用于为老服务活动的组织动员，各街镇或公益组织开展为老服务活动时，如需资金或人员支持，可将相关需求信息发送到平台，经审核通过后发布到爱心公益模块，征集社会热心机构或志愿者参与。视频直播模块，设立了若干个不同主题的直播室，定期邀请专业人士开展直播互动交流和公益知识讲座。

（三）完善运行机制

1. 优化服务供给

一是信息收集。"浦老惠"开设了移动端服务平台，里面的养老服务资源和信息十分丰富，老年人可以借助手机，通过登录微信公众号进行查询使用。比如，如果需要老年照护需求统一评估，老年人及其家属可随时进入平台相应模块进行查询，在线申请、评估结果公示、轮候情况等流程步骤，都可以在平台上即时操作。

二是沟通核实。平台上提出的服务申请，会由专门工作人员进行核实确认，并与申请人进行直接沟通，再根据服务需求选派合适的护工开展上门服务。待上门服务结束后，平台呼叫中心将及时回访，了解该次服务的用户评价情况。

三是建立信息库。依托街镇、社区、居（村）委工作体系，开展电子化信息采集归并，规范人口数据录入应用，逐步建立起全区60岁及以上老人的信息库，并有效健全老人档案实时更新和自动纠错机制。老年人及其家属也可以自主提出评估申请，由专业评估团队确定老人的照护等级，并以此为参照提供对应的服务。

四是定期查访。平台工作人员通过多种途径建立联系渠道，对老人进行定期查访，并给予关心问候、节日慰问、生日祝福等人文关怀，给予生活关照、事项提醒、日常陪护等实际帮助。比如，当老人突发意外时，可通过平台感应器一键报警。失智失能老人报警时，话务人员可以及时调取地图，对老人进行快速定位，展开多方通话交流，从而完成紧急救援。

五是数据分析。通过大数据的长期积累和汇总分析，平台工作人员能够基本掌握居民群众的养老需求特点，扎根浦东人口老龄化的实际需求，打造一批优秀高效的适老化服务品牌，培育一批经济社会效益俱佳的健康养老产业集群。

六是资源整合。结合老年人需求日趋多样化的特点，"浦老惠"平台积极挖掘各类服务资源，不断畅通老年人获取服务资源的渠道方式。比如，主要面向老年人群体的"一键打车"功能，就是"浦老惠"对接申程出行平台推出的一个服务项目，极大地方便了老人日常出行。

2. 强化日常监管

一是加强异常信息预警。老年人及其家属在使用"浦老惠"平台的过程中，填报的各类申请服务信息将会汇总到电脑端管理平台进行统一梳理和甄别分析，并在大屏端监管平台进行数据积累。一旦出现异常数据或突发状况，就会在监管平台上及时显示并自动预警。

二是开展风险分析研判。利用"社区云"市级平台和"智治通"区级平台的数据底板，建立独居老人或纯老家庭的风险分级管理机制。组织居民区走访了解老人的健康状况、安全习惯等要素，由系统经过大数据分析，自动生成高、中、低三档风险评估等级，随后将在线上形成相应的任务清单，并推送到结对的志愿者、包片社工和居民区书记，督促开展线下走访关爱，实施更具针对性的安全检查、消防安全宣传等。

三是设置准入准出机制。与"浦老惠"平台签约的服务供应商，都是经过详细考察，从大量服务供应商中精选出来的，不仅规模相对较大，口碑也较好。每次服务结束后，运营平台都要组织专门回访，了解服务情况，对供应商的服务表现进行评价打分，到年底进行综合考评，并根据年度考评结果进行约谈或惩戒。

四是制定服务规范标准。"浦老惠"平台的有效运营，既需要丰富多样的服务项目和产品，更需要严格完备的服务标准和体系。浦东新区紧密结合老年人的需求特点，探索制定相应的服务标准和规范流程，对平台服务供应商实行动态监管，保障了养老服务质量和水平。

五是提升综合管理效能。为有效应对人口老龄化趋势，浦东新区加快养老服务数字化转型，借助"城市大脑"3.0版的应用场景，运用大数据分析手段，加强养老服务的机构管理和业态监管，不断提升管理效能，搭建起"一网通办"和"一网统管"融合共赢的桥梁，为促进浦东新区养老事业高质量发展奠定了坚实基础。

三、"两张网"助力浦东养老平台建设的 典型场景及成效

（一）典型场景

1. 优化服务设施配置

近年来，浦东新区积极推动科技赋能高质量发展，支持养老服务业运用"互联网+"、人工智能等新兴技术开展智慧养老，提升养老服务的能级水平。比如，潍坊街道建立了全套智能化养老服务管理平台，依托平台的大屏展示功能，可以把整个街道养老服务机构的设施资源及服务内容尽收眼底。在该街道综合为老服务中心的认知症专区病房，安装了防老人摔倒报警装置、卫生间紧急报警按键、心率监测仪器等科技装置，能够为老人提供全方位安全保护。[①] 比如，周浦镇积极推进智慧养老平台示范点建设，完成科技助老平台2.0版升级。通过发放防走失智能定位手环，保障老人的出行安全；开展智能床垫试点，针对半护理、全护理及失能失智等特殊老年群体，为他们提供体征监测服务及睡眠状况管理；配备智能感应夜灯，为独居老人提供了生活便利。

[①] 杜晨薇：《上海老年人口总量最大的区正加快构建"大城养老"模版》载上观新闻2021年12月31日。

2. 提供多场景服务

浦东新区高度重视养老服务的应用场景设计，在"浦老惠"平台提供了护工上门、紧急设备申请、适老化改造、法律援助等11个具体场景，基本满足了多数老年人的日常生活需求。比如，家住张江镇的奚老伯，因病长期卧床需要护理照料，家人打算为他租赁一台专业的电动护理床，这个想法如何实现？其实操作很简单，只要打开手机上的"浦老惠"平台，进入"租赁辅具"模块，简要填写老人个人信息、希望安装日期，再勾选住所是否有电梯后，即可实现一键申请，所有手续都在线上完成。同时，各街镇也积极探索养老微场景的技术应用，取得了显著成效。比如，陆家嘴街道梅三居民区，在老年助餐点引入"刷脸吃饭"技术，老人在取餐时只要把加装特定芯片的餐盘放到收银台上，智能系统就能自动识别菜品价格；支付时老人们"刷刷脸"就能吃饭，整个用餐过程十分友好方便。

3. 开展养老顾问服务

在潍坊新村街道的综合为老服务中心，配置了"浦老惠"触摸服务屏。现场的老年朋友在养老顾问的协助下，体验触摸屏的各项操作，有的查找就近的日托中心，有的发出了护工上门的申请……"浦老惠"触摸屏是放大的手机版，没有智能手机或不会使用智能手机的老年朋友可以在为老服务场所里，通过养老顾问或志愿者的帮助在"浦老惠"上提交相关服务申请。同时，触摸屏的帮办和"一对一"教学功能也丰富了综合为老服务中心的服务内容。在志愿者耐心的指导下，老年朋友慢慢会用、愿用、敢用智能产品，逐渐消除"数字恐慌"，实现长者智能技术运用能力的提升。2022年，将有更多触摸屏走进各街镇综合为老服务中心，为老年人办实事，带去便捷的养老地图查询、养老服务办理和养老政策对接。

4. 建立独居老人风险分级管理平台

针对独居老人安全隐患多的特点，主动关心他们的起居安全，提供多样化服务，督促居委、社工及时响应老人需求。比如，家住陆家嘴街道的独居老人王阿姨原来被评估为安全"高风险老人"。过去，她常常把大量的塑料瓶、纸板箱等废旧杂物堆放在家中，不但影响自己的日常生活，还存在较大的火灾隐患。街道创新开发的独居老人风险分级管理平台在作出风险判定后，自动定期向社工推送工作清单。经一次次上门走访，王阿姨在居委会帮助下清理了家中堆物，"风险评级"也降低了。目前，陆家嘴街道已经对辖区内1444名独居老人实现风险管理全覆盖，还计划把独居老人的就医就诊、社区助餐、日常出行等信息进行整合，进一步丰富平台的数据来源，为独居老人提供了优质便捷的社区服务。

（二）主要成效

1. 功能性提升

"浦老惠"养老服务平台是既有科技助老平台的迭代升级，也是养老服务领域创新引领的重要举措。平台围绕老年人的普遍需求，通过整合服务资源，不仅做到一键申请、快速响应，还催生出更多贴近老年人实际需求的个性化服务项目。浦东民政部门通过制定规范标准，使服务供应商的服务体系更为健全，服务效率和水平更高。

2. 便利性增强

以前，由于呼叫中心的电话号码是一串数字，很多老人无法完整地背诵出来，影响了服务咨询效率。"浦老惠"平台在功能设计中突出便利性要求，尽可能简化界面操作，最大程度降低老年人的使用难度。在平台界面中，"一键咨询"功能贯穿所有页面，老人通过关注使用浦老惠平台，遇到问题不需要输入长串的电话号码，只需要摁下"一键咨询"按钮，就可以直接拨打呼叫中心进行问题咨询或服务申请。同时，针对老年人的共性需求特点，平台把一些高频服务也纳入到一键申请，包括助医、助浴等服务事项，均可在平台上实现一键申请。此外，为照顾老年人的使用习惯，在平台的养老服务板块中，所有服务申请的操作流程基本保持一致，尽量降低平台系统的使用难度。

3. 开放性拓展

"浦老惠"平台是一个开放互惠的智能服务系统，用户打开手机操作平台后，点击右上角的个人中心图标，即可进入注册页面。用户可以根据身份类别，按照系统提示要求完成注册登记，改变过去一对一的沟通模式，实现了老人、家属、监护人三方信息的实时共享。同时，浦老惠平台设立"爱心公益"板块，可发布为老服务项目信息，吸引社会力量和志愿人员广泛参与，营造尊老爱老的良好社会氛围。

4. 集成性凸显

在"浦老惠"平台上，各类养老服务资源已经实现了"一图可知"。用户打开养老地图模块，不仅可以看到养老院、睦邻点等八大类服务资源清单，还能够以当前所在位置为中心，查看到"15分钟生活服务圈"的所有养老服务场所及其详情介绍。如果用户希望前往某个具体服务场所，系统内设的养老地图将根据用户指令，支持换乘、开车、步行三种方式，为用户提供精准高效的导航服务。

四、"两张网"融合发展助力浦东养老平台建设的思考和展望

（一）经验启示

1. "两张网"融合的基础是信息共享

政务服务"一网通办"和城市运行"一网统管"，是上海全面推进城市高效能治理的两大数字智能服务与管理系统。上海这样的超大城市治理，是一项极其复杂的系统工程，既需要"一网通办"的政务数据支撑，也需要"一网统管"的城市运行数据对接，"两张网"只有真正融合起来，跳出条线各自为战的"小视野"，逐步形成条块联动、政社互动的"大格局"，才能发挥出最大的治理效能。浦

东新区坚持系统思维，大力推进"两网融合"，促进数据互联互通、信息实时共享，构建起大城养老新模式，实现了养老服务事业的高质量发展。

2."两张网"融合的关键是改革创新

"两张网"融合不仅仅是应用技术层面的迭代升级，更是政府管理层面的系统重塑。只有不断深化改革创新，通过进一步打破部门壁垒、条块藩篱，形成顺畅的跨部门、跨层级、跨区域运行体系，才能提升城市治理的现代化水平。浦东新区养老服务体系面广量大，目前拥有一百二十多家养老机构，2.6万个养老床位，如果按照部门单打独斗和人工管理的传统模式，无论是养老服务供给，还是日常监管运行，都将面临极大的困难。浦东新区立足"城市大脑"针对养老机构共设定38个治理要素，找到经济治理、社会治理、城市治理各方面在社区里可能存在的风险点，明确行业监管的范围边界，推动了主体责任的全面覆盖，实现了多元力量的优化协同。

3."两张网"融合的目标是资源整合

"两张网"融合本质上是通过资源要素的优化整合，提高公共服务的质量和效率，并有效防控各种风险损失。"浦老惠"养老服务平台的成功之处，在于它既整合了多方面资源，包括政府资源、社会资源、市场资源，为老年人提供多样化的专业服务；又汇聚了多频道资讯，开设养老地图、爱心公益、视频直播等模块，提供交通出行、活动参与、政策解读和文化娱乐等信息服务。通过这些资源要素的优化整合，让老年人享受高品质养老服务，安度晚年幸福生活。

（二）未来思考

经过三十余年的开发开放，浦东新区经济社会发展取得了举世瞩目的成就。当前，浦东站在了新的起点上，正在打造社会主义现代化建设引领区，改革发展的任务十分艰巨而繁重。特别是在人口老龄化趋势加快的背景下，迫切需要加快新区养老领域的改革创新，大力推动养老事业高质量发展，全方位提高养老服务水平。重点是坚持以"两张网融合"为切入点，发挥养老服务平台优势，加快"线上＋线下"融合发展，推动浦东养老服务高质量发展。

1. 加快"线上＋线下"融合发展

一是完善线上服务供给体系。依托"一网通办"平台的养老服务栏目，加快推动养老服务市场主体特别是小微企业和个体工商户入网上线，扩大线上服务的品类选择和渠道供给。引导平台企业严格规范营销、配送、供应链等流程管理，依法依规提供一站式的高效服务。引导市场主体积极拓展服务范畴，在数字健康、虚拟养老院、在线健身、智慧社区等领域加快新型服务应用推广。

二是加强线下配套服务保障。支持养老服务领域的政企合作，面向生活性服务业，重点建设应用场景的数字化基础设施，打造城市社区智慧化支撑平台。在推进智能化应用创新的同时，适当兼顾老年群体的特点需求，开发一批适老化智能终端产品，简化使用步骤和操作界面，打通为老服务信息联通的"最后一公里"。加强信息技术知识讲座和培训指导，提高老年人智能终端操作能力，切实保障老年群体的正当权益。建立解决老年人"数字鸿沟"问题的长效机制，为使用老人机、手机没电、无微信、不会操作、无手机等老人提供温馨解决方案。

三是促进线上线下融合互动。结合老年人的生活习惯和规律特点，加强重点需求调研和数据分析，升级拓展养老服务场景设计应用，提供操作简易的服务模式。优化互联网生活服务平台功能，加强老年人与医院、交通等设施资源的链接匹配，提供线上和线下相融合的智能服务。优化"随申办"App为老服务界面，推出老年人专属的"随申码"离线服务，通过预约服务、无接触服务等方式扩大覆盖面。

四是推进"两张网"的数据资源融合。立足"一网通办"和"一网统管"的功能特点，以"浦老惠"养老服务平台为桥梁纽带，推进"两张网"数据资源的开放共享。面向各类市场主体和从业人员，分领域建立养老服务的用户评价和分享平台，推进信息公开透明，实现供需动态匹配。在保障数据安全和个人隐私的前提下，制定养老服务细分领域的数据开放标准和目录清单，推进养老服务数据流通共享。

2. 推进"服务+监管"协同联动

一是提升服务供给能级。统筹推进机构、社区、居家三种养老模式协调发展，扩大养老服务供给规模，提升养老服务品质内涵。做强社区综合为老服务中心、丰富助餐助洁等上门服务项目内容，促进社区养老服务提质增能。夯实家庭养老的基础性作用，推进康复辅具进家庭项目，缓解老年人居家照护压力；推进"老伙伴"计划，为照顾老人的家庭成员或家政人员提供护理技能培训。

二是加大监管执法力度。以床位建设为重要切入点，大力推进各类养老机构的设施建设、等级评定及质量监管。强化信息安全管理，严格规范网上个人信息的收集使用，严厉打击电信网络诈骗等违法犯罪行为，确保老年人安全享受智能化服务。提高监管执法频度和效率，加大抽查检查和明察暗访力度，全面摸清各类养老服务机构的质量安全状况，杜绝各类风险隐患，确保养老服务市场安全有序。

三是推进"两张网"的融合发展创新。对照"一网通办"和"一网统管"的目标任务，强化各级领导干部的主体责任，加强单位部门协同联动，促进信息资源共建共享，实现"两张网"优势互补。依托"一网通办"平台，把所有养老服务事项整合到一起，既让群众享受有质量的养老服务，也提高风险监测和预警能力。依托"一网统管"平台，加强对养老服务设施场所的监测观察，既让群众享受安全卫生的服务体验，也为群众合理选择养老服务机构和项目提供有效依据。

养老服务是一项关乎群众切身利益和长远福祉的民生大计，做好这项工作功在当代、利在千秋。围绕打造社会主义现代化建设引领区的目标要求，浦东新区全方位构建更具活力、更有温度的养老服务体系，大城养老的"浦东样本"日趋成熟，养老服务高质量发展正在不断谱写新的篇章。

第五章　精准救助："两张网"融合发展助力社会救助模式创新

　　社会救助是兜底性民生保障，关乎社会公平、社会稳定和共同富裕目标能否早日实现。传统社会救助模式存在对困难群体"应发现尽发现""应保尽保"难以实现，困难家庭多样化需求难以有效得到满足，在救助方式上重物质保障、轻救助服务等不足。突出表现为：第一，一些困难群众找不到求助的路径与政策，社会救助政策无法十分精准惠及真正需要帮扶的社区对象。社区工作者反映："总感觉还有一些需要帮扶的群众不在我们的视野里""总感觉一些好的政策还没有惠及到真正需要帮助的家庭"。第二，传统救助模式依靠人力走访来排摸困难群众，部分人群很难被发现。如一些困难群众家庭的孩子自尊心很强，采用多次填表、询问来实施救助并不合适。第三，传统救助模式在遇到需要跨层级、跨部门、跨区域解决的个案时，往往过程冗长，难以第一时间给救助对象提供有效的综合救助方案。

　　针对传统社会救助模式无法解决的新情况、新需求和新问题，徐汇区深入践行"人民城市"重要理念，以"两张网"融合发展为支点撬动社会救助科学化、精细化、智能化和人性化，坚持从困难家庭的实际需求出发，精心打造精准救助场景，综合运用大数据、人工智能等新技术赋能社会救助能级提升，力争做到"民生数据一屏可观，民生需求一云可知，民生政策一岗全通，民生服务一网统管"，努力实现社会救助从"人找政策"向"政策找人"转变，从"单一物质救助"向"综合救助组合"转变，从民政部门"单兵作战"向多部门"集团作战"转变，探索形成"一网统管＋精准救助"的新型社会救助模式，让社会救助更主动、更精准、更有温度，让改革发展成果惠及更多困难群众。① 自 2019 年起，徐汇区开始构建"1+1+1+N"的智慧救助帮扶场景，即"1"民生数据底座、"1"多维分析模型、"1"城运派单系统、"N"分层分类帮扶措施，改变传统救助方式，提高协同救助效能，提升救助帮扶温度，探索精准救助的新路径。

一、"两张网"融合汇聚民生数据，拓展救助
"广度"

徐汇区充分发挥区城运中心、区行政服务中心和区大数据中心

---

① 上海市徐汇区民政局：《"一网统管＋精准救助"赋能有温度的城市建设》，《中国民政》2021 年第 14 期。

"三位一体"的组织架构优势，依托区城运中心"一网统管"城市云脑和大平安、大建管、大市场、大民生四大城市治理领域的深化应用，整合"一网通办"线上线下数据采集渠道，汇聚民生数据，感知民生体征，绘制家庭画像，识别"沉默的少数"。

第一，筑牢民生数据底座。 徐汇区以公安实有人口数据库和测绘院 GIS 地图为最底层数据，打通了民政、人社、残联、退役军人事务局、房管、卫健、司法等 14 个条线部门数据壁垒，汇集了"一网统管"平台中与民生息息相关的 2300 余万条数据，[①] 形成了大民生数据池。为强化数据积累和动态管理，徐汇区积极拓展底层数据。一是加强大数据主动发现功能，将大数据主动发现的范围从低保、低收入、符合专项救助及急难救助标准等困难家庭，拓展到救助政策以外的困难群众。通过社区建档、家庭画像、个人服务等三个维度，为社区、居民和家庭建档立卡，形成了 47 项个人和家庭属性标签，全域展示辖区民生基本体征。二是汇聚被动发现渠道采集的数据，建立标准统一的数据治理机制，定期开展部门间数据交互更新，将大民生数据池覆盖到通过社区事务受理服务中心、市民服务热线及移动端应用咨询或寻求帮扶政策的居民。其中，社区事务受理服务中心是政务服务"一网通办"服务居民群众的线下载体，市民服务热线是为居民群众提供咨询、求助、投诉和建议的便民服务热线，

---

① 上海市徐汇区民政局：《"一网统管＋精准救助"赋能有温度的城市建设》，《中国民政》2021 年第 14 期。

也是政务服务"一网通办"的总门户。"一网统管＋精准救助"新型社会救助模式赖以需要的民生数据底座是"两张网"融合的生动体现。

第二，构建专项数字模型。徐汇区将复杂的政策文件转化为标准化的数字模型，根据体征标签"为家庭画像"，通过标签叠加，构建了包括困境儿童保障、低保家庭大学生就业、残疾人两项补贴等十多个数据发现模型。运用民生大数据对一项或多项民生数据进行勾连，以"政策找人""情形找人""事件找人"的方式，智能发现和快速定位社区最需要帮助的困难群体和不声不响的"沉默的少数"。如，史阿姨（化名，下同）为精神二级残疾，符合"残疾人两项补贴"救助条件，却没有享受该政策。大数据自动发现史阿姨后，区城运中心将工单推送给相关居委会及区残联。居委会通过上门核实，发现史阿姨虽不符合困难残疾人生活补贴申请条件，但符合重度残疾人护理补贴申请条件，马上告知其可以享受的政策。区残联也及时跟进，加快推动重度残疾人护理补贴审批流程，史阿姨很快享受到了相关补贴。①

如，小杰小朋友父母重残，因人户分离，居委社工在日常走访中没能识别出孩子可以享受困境儿童基本生活费保障政策。民生大数据智能分析发现后，社区工作者主动上门服务，宣传政策，将小杰纳入了相应的保障性政策范围。通过"一网统管"精准救助场景

————————

① 本章案例资料由上海市徐汇区民政局提供。

开发应用，徐汇区已发现了七户像小杰家庭这样"沉默的少数"，并全部跟踪走访纳入困境儿童基本生活保障范围。

受疫情影响，大学生就业形势异常严峻。如何保证低保家庭基本生活不受疫情影响，除了按时足额发放最低生活保障金和价格临时补贴，保障好低保人员的基本生活外，更要为困难家庭增强造血能力，助力家庭成员就业返岗，真正实现脱贫解困。自2020年起，徐汇区"一网统管"精准救助场景把低保家庭应届大学生就业帮扶作为重要应用纳入其中，通过将低保数据库和公安人口数据库叠加其他相关参数量，进行智能搜索，发现了六十多名低保家庭应届大学生，并按照"一人一案"服务机制，依托社区就业援助体系，提供"家门口"、全方位的就业服务，帮助困难家庭大学生树立求职信心，顺利就业，从而防止了这些低保家庭滑向更困难的处境。

第三，构建综合评估模型。徐汇区依托数据底座汇聚的海量数据，整合、抽取了4281户低保家庭、1250户低收入家庭，并从辖区九个街道中抽取每个街道最困难的五户家庭，形成困境家庭精准帮扶的有效样本。在此基础上，徐汇区面向民政局专家、居委会干部、不同层级和不同街道的社区一线工作人员开展了多轮深度访谈和数据采集工作，不断优化和调整困难家庭救助帮扶综合评估，构建了"多维困境家庭精准帮扶分析模型"。

"多维困境家庭精准帮扶分析模型"的评估维度包括家庭人均月收入、家庭人均财产、家庭人均住房面积、家庭成员最高受教育程度、家庭成员是否有残疾及残疾等级、家庭成员是否加入长护险及照护等级、家庭成员中 18 周岁以下儿童数量、家庭成员中 60 周岁以上老人数量、家庭成员就业状况、家庭成员患大重病人员数量以及有无其他特殊情况等。结果发现，导致低保群体家庭困难的因素中排前五位的为大重病、残疾、教育、就业和照护；导致低收入群体家庭困难的因素中排前五位的为财产、收入、大重病、老人数量和残疾；全人群致困因素中排前五位的为收入、财产、就业、老人数量和大重病。

"多维困境家庭精准帮扶分析模型"已从低保、低收入家庭拓展到了全口径家庭。移动端应用程序用户对基层社工和居民开放，可实现对低收入困难家庭进行常态化数据监测，进一步扩大社会救助帮扶人群范围。目前，徐汇区救助帮扶人群已从 6000 多个低保人员扩大至近 50000 个困难人员，社会救助帮扶资金通过区和街镇分层进行保障。

二、"两张网"融合强化精准匹配，深化救助"力度"

第一，自主画像，精准匹配。 为打通困难群众帮扶的"最后一公里"，徐汇区在智能发现的基础上，通过自动派单等方式，把救助政策主动送到居民家中，把救助服务做到百姓开口之前，为困难家庭提供最及时的政策支持。22 岁的王某是徐汇区一户低保家庭的成员，刚刚大学毕业的她，找工作过程中一度遇到困难。而最早发现王某就业困难的不是费时费力的人工排摸，而是徐汇区城市运行中心的"家庭画像"。原来，王某曾在"一网通办"留下自己正在寻找工作的信息，信息"上云"后，依托大数据技术，"家庭画像"分析出王某的家庭具有"22 岁至 25 岁就业"和"低保"两个特征，初步判断该低保家庭可能存在应届生就业困难的情况。随即，相关信息被推送到居民区社工的手机上，社工上门核查情况属实后，拿出"组合服务包"，通过一系列支持政策顺利为王某匹配到理想岗位。

第二，多措并举，纾困帮扶。 为及时发现困难群体，并让社会救助政策惠及更多真正需要帮助的困难群众，徐汇区搭建了移动端线上申请平台，居民通过手机端在线上简单地回答一些问题、提交基本数据，前端可进行家庭困难情况程度综合评估，后台能及时感知数据，进行政策匹配，告知居民和其可能相适应的救助政策，匹配确实符合救助政策的，会通过城运平台通知社区救助顾问上门服务，提供救助帮扶。同时，市民数据会沉淀至大民生数据池，相关数据还会推送给街镇救助部门，给街镇节日帮困等临时帮困给予参考。当然，社区救助顾问在节日或平时走访中发现困难家庭面临的困境，也会寻找配套的救助政策送关上门，用政策为其排忧解难。如，在 2021 年全区开展"解忧暖心传党恩"行动中，H 街道社区救助顾问了解到辖区居民张某某肺癌手术，女儿张某某抑郁辍学，虽享受了低收入家庭医疗救助，但仍然入不敷出。社区救助顾问立即为其申请综合帮扶，引入社会力量参与。2021 年张某某重新入学，家庭也逐步走出了困境。

第三，多方联动，提质增效。在徐汇区"一网统管"的精准救助场景中，工作人员可以通过对民生体征进行勾选，对符合社会救助和街道帮困条件的人员，社会救助服务事项由系统自动派单，推送给相关街镇，并同步派送给社会救助联席会议相关单位，实现社会救助服务事项跨层级、跨部门、跨区域协调联动，大大缩短了工作流程和工作时长，提高救助效率。

一是委办联动，高效办事。徐汇区社会救助工作联席会议制度建立于 2015 年，由分管副区长召集，区民政局牵头，教育、人社、房管局等 15 个部门和 13 个街镇作为成员单位。近年来，徐汇区充分发挥两级社会救助联席会议机制的积极作用，打通部门之间的工作壁垒，整合各项社会救助政策和资源，实现各个条线的救助资源共享，积极实践了"多元化救助"工作模式。如，欧师傅是一个肢体二级残疾人，2021 年 3 月，民生大数据发现了他，并及时向属地社区居委会派单，社工上门核实情况后，发现情况属实。2021 年 6 月，街道救助部门立即协同街道残联上门为他办理补贴申请，当月，欧师傅就享受到了每月 150 元的残疾人护理补贴。

二是上下联动，共同托底。徐汇区结合工作实际，"上下一盘棋"，切实解决困难人员面临的困境。如，小蒋是一名成年孤儿，智力残疾四级。根据区里政策，街道将他纳入 ABC 发展计划，为其提供就餐、清洁等服务，社区救助顾问在走访中了解到其有就业意愿，区、街道多方共同联动、多方协调，为他匹配到一家公司的洗碗工岗位，并培训面试技能，小蒋最终实现了就业意愿，并解决了后顾之忧。

三是"五社"联动，充实力量。在统筹帮扶资源方面，徐汇区积极整合社会力量参与困难群众帮扶，形成了"五社"联动的帮扶模式。"五社"联动是指社区、社会组织、社工、社会资源及社区自治组织的联动。具体包括推动慈善基金会等积极参与慈善帮扶工作；借助第三方社会组织，开展低保、特困、心理关怀等项目；联合相关委办局共同成立"徐汇区新时代文明实践帮困救助服务队"，为困难家庭提供多元化帮助。在徐汇区"心理关怀服务"项目中，发现了因贫穷而害怕与人沟通交流的小胡，多方社会力量不厌其烦地一次次与其沟通交流，最终使其自愿加入了社区志愿者队伍，在志愿服务中，曾经自卑敏感、社交网络缺失的小胡，现在积极参加社区志愿活动，拥有了志同道合的伙伴。

三、"两张网"融合激活综合救助，
提升救助"温度"

2019 年，徐汇区民政局发布《关于开展徐汇区社会救助"ABC发展计划"的实施方案》，突出强调了社会救助的多维分析、横向平衡和人文关怀。

第一，"A"指代 Analysis，强调多维分析。徐汇区开发了"徐汇区社会救助 ABC 发展计划困难家庭需求调查表"，对家庭困难类型、致困原因和家庭需求等进行综合评估，打分判定对象困难程度。通过主动了解居民在生活、就业、健康、医疗、教育等方面存在的困境，并对困难情况进行多维度分析比较，徐汇区排摸了解了困难群体的各种致困因素，并发现了现行救助政策覆盖不到的困难群体。徐汇区设定了九大困难家庭类型，即"老养残""残养幼""健养双病""老病残需照护""隐性残疾""受限失无业""困境儿童""慢性病""大重病"。

　　第二，"B"指代 Balance，强调横向平衡。徐汇区以政府兜底的社会救助政策为基础，依托"9+1"社会救助体系，整合政府部门力量，动员社会社区参与，将扶贫、扶志与扶智相结合，通过资源的再平衡再分配，进一步聚焦区域范围内困难群众，通过生活救助、医疗救助、就业救助、住房救助等手段，多措并举努力使困难群众不为饥寒所迫、不为大病所困、不为住房所难、不为失业所忧，着力解决救助对象急难愁问题，帮助困难家庭脱贫，促进社区和谐发展。同时，徐汇区注重平衡社会救助的政策资源、资金资源及人力资源，以确保实现社会救助的效益最大化。

　　第三，"C"指代 Care，突出人性关怀。徐汇区面向需求调查中主动发现的"沉默的少数"困难群体，由街镇救助部门入户调查困难家庭的具体需求，召集居委民主评议和邻里访谈等分析研判困难家庭需求的紧迫程度和严重程度，并在区民政、街道和其他相关职能部门的协调下共同制定合适的救助方案。针对"ABC 发展计划"

帮扶对象，徐汇区在精准实施生活救助、医疗救助、教育救助、住房救助、就业救助等社会救助政策的基础上，积极拓展社区服务功能惠及困难家庭，以更好地满足困难群众个性化需求。如通过"邻里汇"等社区服务平台为困难群体提供照护服务、助餐服务、文体服务、健康服务、心理关怀等个性化服务，不断加强徐汇社会救助的广度、深度、力度和温度。街镇救助部门负责服务全过程记录，特别是帮扶前后家庭状况的变化，并以一户一档、一户一案的方式给予服务。

如，少年小文，由于爸爸患有精神一级残疾，一直跟着妈妈生活。然而一年多前，小文的妈妈也罹患肺癌去世，小文被托给了爷爷照顾。小小年纪受到如此沉重的打击，原本学习不错、爱好体育的小文就像完全变了个人。他不跟爷爷讲话，也不与任何人沟通，每天低着头走进走出，把自己封闭起来。小文的学习成绩一落千丈，特别是他始终没从失去妈妈的阴影里走出来。他跟爷爷说："我这个样子还是死了算了。"

2020 年 6 月，数据"发现"了他。通过民生大数据"父母双方大重病 + 儿童"的组合匹配，徐汇区发现了这个"沉默的少数"，随即通过"一网统管"平台向属地居委会派单，居民区社工上门走访后，随即启动了救助程序。同年 7 月起，小文作为困境儿童被纳入保障范围，每月能领取 1900 元的补助。与此同时，通过政府购买服务方式聘请的专业儿童社工李某也积极加入对小文的帮困工作中。

每月，李某就会来找小文，一起散散步、聊聊天。她平时除了对受助的孩子进行学习辅导、心理疏导外，还会定期组织他们成立志愿服务队去帮助自闭症儿童。对此，小文也很乐意参加，他说："因为想让自闭症儿童早点走出困境，能笑着面对生活。"李某说："小文他们是受助对象，当他们做志愿者去服务他人的时候，就是助人者。他们会觉得自己是很有价值的，能帮助他们找回自信。"渐渐地，阳光又回到了小文的脸上。小文说，自己已经差不多从阴影里走了出来，感谢大家的帮助，长大了要努力回报社会。①

四、"两张网"融合助力社会救助精准化的思考与启示

第一，走社会救助数字化转型新路。一是从粗放到精细。有效识别救助对象是做好社会救助工作的关键，基层工作者既要避免社会救助资金被冒领，又要避免应当享受救助政策的困难群体实际上被排除在救助体系之外。要实现社会救助对象对全体困难家庭的普遍惠及，过去单纯依靠社会工作者上门走访排摸的做法，很难如愿。困难家庭是动态变化的，因病致困的家庭更是如此。但是社会工作者的时间精力十分有限，无法做到全人群全覆盖，容易遗漏、遗忘，

---

① 上海市徐汇区民政局：《"一网统管＋精准救助"赋能有温度的城市建设》，《中国民政》2021年第14期。

导致"沉默的少数"享受不到政策的照顾。社会救助数字化转型的优势系统能够通过自动分析、智能研判识别困难家庭，提醒相关工作人员上门关心，让"沉默的少数"自动进入社会工作者的视野，使其不再被遗漏或遗忘。

二是从模糊到清晰。在"家庭画像"和"多维困境家庭精准帮扶分析模型"形成之前，社会救助人员只能根据档案和走访情况，凭借经验大致判断困难家庭属于何种类型、主要困难是什么，对帮困对象的认识较为模糊。在"家庭画像"和"多维困境家庭精准帮扶分析模型"形成之后，社会救助人员能够清晰描述出特定困难家庭前十项甚至更多的致困因素和影响程度，了解某项和某几项致困因素发生变化后，对该困难家庭的可能影响和实际影响，从而为困难家庭提供更有针对性的帮困服务。

三是从单一到综合。"两张网"融合助力社会救助数字化转型之前，各部门数字化转型力度和进度不同，帮扶数据多元异构，信息系统缺乏接口，信息碎片化和数据孤岛现象较为严重，导致具体帮困资金、服务难以整合，各部门都在"零敲散打"。"两张网"融合助力社会救助数字化转型之后，底层数据打通使得帮扶对象的需求清晰呈现，帮扶对象和帮扶政策的数字化、标准化和规范化，使得跨部门、跨层级、跨街区的数据关联、共享和验证成为可能，这也使得困难家庭能够得到更综合、更适配、更优质、更个性化的帮困服务。

四是从节点式到全周期。传统依靠人力作业的社会救助模式主要以节点式的方式开展工作，救助对象发起申请才可能启动相关的救助工作，困难家庭通常只是在发起申请和享受帮困服务的当下能够感受到被服务、被关心、被照顾。此外，即便帮扶服务过程有纸质或电子记录存档，这些记录也很难被真正用于该困难家庭未来帮扶的决策支撑，因此难以在其全生命周期的帮扶服务中发挥应有的作用。但是，在"两张网"融合下，系统不仅能够动态发现帮扶对象状态变化，还能够通过帮扶前后的比较及跨不同时间段的比较分析，判断帮扶政策是否切实有效，社会救助工作人员可以根据系统综合分析研判的结果，及时调整、优化和改善帮扶措施，显著提升帮扶效果。

总之，社会救助数字化转型不仅有助于提升社会救助的广度、深度和力度，也是上海全面推进城市数字化转型的题中之义，是打造更加公平、和谐、美好、共富的社会主义现代化城市的破题之道。

第二，社会救助应从被动转向主动。一是从被动等待转向主动寻找。对基层政府而言，从被动等待困难家庭发出申请，到主动上门为困难家庭提供帮助，这不仅是行政行为模式的变化，更是服务观念的更新和治理理念的重塑。徐汇区"一网统管＋精准救助"新型社会救助模式充分融合"两张网"的优势，通过数据赋能、技术赋能和业务赋能，做到了"政策找人""情形找人""事件找人"，让"沉默的少数"得到关怀，将全口径家庭纳入视野，体现了"以人民为中心"理念在基层落地生根，与建设人民满意的服务型政府的要求高度契合。

二是从被动服务转向主动服务。被动服务突出表现在帮扶内容局限于本部门职责范围内，困难家庭受益十分有限。主动服务突出表现为根据困难家庭的困难程度和特殊需要，统筹政府内外部资源，为其提供货币支持、就业机会、心理调适、志愿活动等多渠道、多层次、综合性、个性化的服务组合，让救助对象能够切实感受到来自全社会的关心和关爱，并使其能够尽快获得自我造血能力。同时，更让主动寻找、主动服务真正落地，徐汇区探索了数据汇聚精准画像、精算模型智能发现、"汇治理"移动端上门核实、网格平台协同处置、个性帮扶建档立卡、综合帮扶服务上门、帮扶过程全程记录的闭环管理体系，实现了线上线下有机衔接，大屏、中屏和移动端小屏无缝切换，帮扶对象获得感和感受度持续提升的良性工作局面，织密织牢了困难群众的"兜底保障网"。

未来，精准救助还可以进一步发挥"两张网"融合的优势，如将"一网通办""免申即享"服务范围拓展到困难家庭帮扶事项，将"一网通办""一件事"改革的范围覆盖到困难家庭帮扶的高频事项，让残老困难家庭能够享受不见面审批、上门帮办等服务，让更多困难家庭能够更加及时、便捷地享受到基本民生保障。

第三，赋能建设有温度的人民城市。一是建设有温度的人民城市需持续提升现代政府服务水平。"两张网"融合发展让社会救助对象"应发现尽发现"，困难家庭"应保尽保"，社会救助服务更加精准化、精细化、个性化和有温度，体现了现代政府以"润物细无声"的方式为困难家庭筑牢"安全保障网"的服务能力和服务水平。

二是建设有温度的人民城市需努力践行寓管理于服务。对外，“一网统管＋精准救助”新型社会救助模式综合运用统筹协调机制、入户调查机制、信息共享机制、购买服务机制等，助力困难家庭获得更加充分的社会救助政策支持；对内，“一网统管＋精准救助”新型社会救助模式可以动态记录，回溯区、街镇和社区社会救助工作者在智能发现、上门核实、协同处置等各环节，帮助分析、比较和优化不同困难家庭帮扶案例的工作路径，以不断优化帮扶策略，提升帮扶效率。

三是精准帮扶的最终目的是让人民城市更有温度。在“两张网”融合赋能社会救助精准化中，徐汇区依托“一网通办”“一网统管”的线上线下工作力量，有效调动了政府各委办局、企事业单位、社会组织和志愿者等多股力量参与到精准救助工作中，实现了社会救助从“民政部门单兵作战”向“多元主体协同作战”转变，体现了共建、共治、共享的人民城市建设理念。“民政部门单兵作战”时往往只能采取“单一物质救助”的形式，只能解决困难家庭的“生存”问题；而“多元主体协同作战”后，社会工作服务机构和社会工作者协助社会救助部门开展救助事务，为救助对象提供心理疏导、资源链接、能力提升、社会融入等服务，提升困难群众的社会认同和社会融入，致力于让人人都能过上更有尊严的生活，这为社会救助对象争取到了更大的“发展”权。

因此，在共享发展成果中“一个都不能少”，人民城市才能和谐稳定；在服务供给时彰显人间温暖，人民城市才会生动可爱；在提高效率时保障公平兼顾普惠，人民城市才能永续发展。

综上，徐汇区精准救助模式的创新切实体现了"两张网"融合发展的重要应用场景，通过"一网通办"平台为需要救助的人员在提供服务过程中留下了各类业务的数据，这些数据的积累为"一网统管"赋能民政系统精准救助需要帮扶的对象提供了有效素材，发挥大数据精准"画像"的功能。"一网统管"平台，通过对各大业务系统数据汇聚、计算和识别，感知社区中需要救助的对象和个体，发挥了"高效解决一件事"的功能，从而为需要救助对象提供有针对性的服务和生活保障，为改善救助对象的生活和发展提供了坚实的保障，真正发现和维护了社区中沉默群体的利益，为践行"人民城市"重要理念提供了可行的路径。

第六章　精细治理："两张网"融合发展推进处置网格的梅陇镇实践

　　2021 年 3 月，上海市闵行区先后发布《闵行区"多格合一"运行机制指导意见（试行）》《关于街镇城市运行"一网统管"工作的实施意见》，要求积极推进街镇层面的"多格合一"建设，进一步提升"一网统管"效能。处置网格是"多格合一"的具体化，是街镇"一网统管"三级工作架构"街镇城运中心—处置网格—自治网格"的中间环节，按照一定标准整合上级部门在该镇设置的多个网格，对应多个由居、村、街面、拓展网格组成的自治网格。如果说整合多个网格是处置网格的外在形式，那么，整合管理资源就是处置网格的内在实质，其在纵向上拉动管理重心下沉，在横向上推动管理力量联通，通过加强职能部门之间的联勤联动、消解条块主体之间的权责不清等方式，不断提高"一网统管"的管理能级，持续推动"高效处置一件事"。处置网格的创设起点是赋能"一网统管"工作，处置网格在实际运作中融合了管理和服务双重权能，并且契合"一网统管"的统筹性、智慧性、协同性特质，具有"一网通办"的便捷性、持续性、柔软性特性，是"两张网"融合发展的基层创新。本章以闵行区梅陇镇的处置网格运作为例展开分析。

一、处置网格融合了管理与服务双重权能

2021 年 3 月以来，梅陇镇对应派出所警务网格管理边界创设了七个处置网格，探索了一系列工作机制，推动着处置网格工作的有序开展，有机融合了管理与服务双重权能。具体包括以下几个方面：

第一，确立处置网格设置机制，将多个网格在空间上整合的同时把原先分散在多个网格中的待处理事项进行整合，而这些事项处理中管理、服务工作的有序开展反映了处置网格对管理与服务权能的有机融合。比如，在 2021 年 7 月防御台风"烟花"工作中，各处置网格第一时间安排工作人员开展安全隐患巡查工作，提供安全管理和安全保障服务。第一处置网格发现莲花南路平阳路交叉口多家小商铺安装的雨棚结构简易，容易发生承重杆断裂，雨棚、钢管坠落等险情，于是及时采取加固措施，排除隐患；第四处置网格发现莘朱路朱行路垃圾回收站房顶简易棚被风刮下，存在安全威胁，及时设置危险警示标识，安排工作人员清理危险物品；第五处置网格发现虹梅南路 3609 号门外的快递架存在安全隐患，第一时间告知厂区负责人，并安排工作人员拆除。再如，在推动锦江乐园地段夜

市经济中，第一处置网格聚焦疫情防控、垃圾分类等重点工作，采取了服、管、执多项举措。首先，第一处置网格召集城管、市场负责人、责任网格、锦江乐园夜市负责人、保洁负责人、商铺代表等举行座谈。会上，城管队员向商铺代表们科普垃圾分类知识，并强调口罩佩戴的重要性。其次，第一处置网格的城管队员对店前卫生、垃圾分类等事项进行现场巡查管理。最后，第一处置网格的城管队员对未能严格按照要求佩戴口罩、分类垃圾的情况进行处罚，通过执法保障各项要求的落实。

第二，确立联勤联动机制，推动多部门围绕高效处置、办理一件事联合做好管理与服务工作。联勤联动机制规定，自治网格作为前端，在第一时间发现问题、第一时间解决简易问题，而处置网格作为后端，负责协调辖区内职责边界不清、容易推诿扯皮、单一部门无法处置，需要联合处理的事项。针对"群租""非改居""三合一"等14类常见的需要多部门联合处理的事项，梅陇镇确立了《联勤联动处置事项清单》，梳理罗列了14类常见联勤联动事项涉及的处置部门。各部门在事项处理的派单、协调、处置、监督等过程中，根据"一事项、一任务、一流程"的要求，履行各自相应的管理与服务职能。比如，第三处置网格对辖区内各个小区的"居改非"排摸时了解到，小区内许多住宅被私自改建为足浴店、理发店、修车铺、便利店、麻将馆等营业场所，给一部分居民带来生活便利的同时，也给另一部分居民带来了噪声干扰、人员混杂等不良影响。处置网格牵头镇城建中心、拆违办、居委会、物业等多方力量，实施联合整治管理，责令限期改正恢复原状。此后，处置网格又牵头居委会、物业等进行宣传教育，做好服务工作，巩固"居改非"整治管理成效，坚决防止反弹回潮。

第三，确立工作职责机制，通过明确各级主体管理与服务职责来有机融合处置的管理与服务权能。工作职责机制明确了"网格长—网格员—派驻（绑定）人员"三级主体的职责，要求三级主体根据不同的工作重心，履行管理和服务职责。规定网格长围绕勤务安排、指挥处置与综合事务协调的工作重心，统筹服务力量和管养力量；规定网格员围绕日常巡查、勤务、作业以及案件处置的工作重心，进行宣传、劝阻、处置；规定派驻人员和绑定人员两类网格管理人员的管理和服务职责，比如，规定公安派出所处置治安违法案件、提供接待报警报案及其他相关群众求助等服务；规定安监所对生产经营单位实施安全生产监督检查、做好辖区内危化品、消防安全、特种设备等安全指导和宣传教育服务。

第四，确立工作流程机制，通过将管理与服务内容纳入工作流程的方式，有机融合处置网格的管理与服务权能。工作流程机制明确了投诉类和监管类事项的处理流程，将管理与服务细化至事项的处理过程。针对投诉类事件，网格人员先对被投诉对象进行宣传、教育、劝阻，在效果不佳时，再进行惩处管理。比如，第一处置网格收到有人在地下空间设置麻将馆，并经常聚集打麻将扰民的投诉之后，先安排居委前往劝停教育，在当事人拒不整改的情况下，联合城管、公安、安监、拆违、居委会等部门前往现场开展整治行动，对该小区地下空间内违法设置的纸板隔墙进行拆除并清运。针对监管类事项，工作流程制度规定了确定登记范围、当事人提交相关材料至第一处置网格工作站先行登记、处置网格将材料转交至相关职能部门或组织召开全体审核会登记备案三个步骤。在全体审核会上，相关职能部门或组织提供相应的服务与管理。比如，2021 年 4 月 21日下午，梅陇镇第一处置网格召开中庚广场小餐饮、集市审核会，参与会议有公安、城管中队、市场所、安监所、招商中心、中庚及活动策划公司相关负责人。会议审核通过了 2021 年 4 月 23 日至 5月 16 日将在中庚漫游城组织举办的"樱花节"活动。相关职能部门集聚服务于"樱花节"活动的审核，同时向活动组织方、参与方提出了接种疫苗、遵守消防规范、产品源头可溯、商品明码标价等监管要求。

二、处置网格蕴蓄了"一网统管"的管理特质

在城市运行"一网统管"概念中，"管"是根本目的，"一""网""统"三个字是对管理方法、管理成效的生动描述，整体上呈现了一体管理、一网管理、统筹管理的图景，具体刻画了城运中心统筹、智能技术赋能、多方主体协同的画面，相应提出了统筹性、智慧性、协同性的管理要求。闵行区在街镇城运中心和自治网格之间创设处置网格以推动管理力量下沉、管理资源联通，打破传

统网格管理条块权责不清、相互推诿的困局，一方面，作为城市运行架构中的一部分，其强化了"一网统管"统筹性、智慧性、协同性特质，切实提升了"一网统管"的管理能级，另一方面，作为基层管理的一种创新，处置网格本身也蕴蓄了"一网统管"统筹性、智慧性、协同性特质，不仅"能管"，而且"好管""管得好"。

第一，处置网格管理蕴蓄了"一网统管"统筹性特质，强调顶层统筹、联动管理。在"一网统管"中，城运中心基于各部门上传的数据，监测城市生命体征，对城市运行进行统筹协调；在处置网格管理中，网格长以处置网格工作站为载体，对前端网格巡查发现的待处置事项、市民通过12345热线上报的事项等统筹安排。处置网格管理与"一网统管"皆具统筹性，通过整合数据、资源、力量，推动"高效处置一件事"。比如，在"车身广告"专项整治中，第一处置网格统筹城管、公安、安监等多部门联合整治。2021年8月9日，城管、公安共同前往沪闵高架路近莲花路处开展专项整治，公安拦停，城管定性，要求违法粘贴广告的车主撕除整改，并依据《上海市流动户外广告设置管理规定》处以二千元以上三万元以下的罚款；在"毁绿种菜"专项整治中，第一处置网格统筹公安、城管、房管办、综治办、安监所、居委、物业等多部门联合整治。2021年5月中旬，第一处置网格前往莲花公寓开展专项整治，城管队员认定公共绿地上私自栽种蔬菜、花草、竹子等绿植的行为违法，安排人手拔除并清运；居委、物业对当事人进行劝解、教育，并告知其他住户小区未来补种绿植、统一规划绿化等计划。

第二，处置网格管理蕴蓄了"一网统管"智慧性特质，坚持以线上技术赋能线下治理。"一网统管"坚持"一屏观天下、一网管全城"目标定位，依托"三级平台、五级应用"运行架构，强调"应用为要、管用为王"价值取向，推动自动与主动、被动地发现、分析、预测问题有机结合；处置网格依托街镇城市运行"一网统管"信息化平台建设，将网格划分、力量整合、职责任务、管理清单等信息关联绑定，随同手持移动端、智能感知端、车辆轨迹等上网入图，在管理要素"一张图"上，以网格为管理单元全景展示案件管理各类动态信息，便于"统一吹哨"、快速"联勤联动"，实现从个案的发现、流转、处置、结案的闭环管理，到案件类型的趋势演变、区域热点、绩效评价的全流程、可视化监管。比如，2021年6月20日，第一处置网格接到市民热线反映，得知虹梅路上中环的地方有一些巨大的土堆，导致车辆通行困难，交通拥堵严重。接线队员当即将工单派送至相关工作人员，并利用梅陇镇"一网统管"大屏幕，定位突发事件现场，为队员提供数据支撑，由城管清运渣土，由公安协调交通，突发事件很快得以处置。随后，第一处置网格通过视频监控，查明土方车在经过此路段时发生了脱钩，并通过公安部门的车辆信息系统查询到该土方车的所有人，对其进行约谈，追究其法律责任。为避免此情况再度发生，第一处置网格对辖区内所有施工工地相关负责人分批约谈。处置网格运用智能技术分析交通拥堵问题，快速处置，并预测今后可能还会出现类似问题，推动源头管控、长效治理，具有智慧性特质。

第三，处置网格管理蕴蓄了"一网统管"协同性特质，重视多方参与、协同管理。"一网统管"建设工作包括架构城运平台、再造管理流程、建设应用场景、推进数据治理、强化资源保障等，通过线上技术赋能线下管理以缓解此前各部门、各条线权责不清、协同不足的问题。相应地，处置网格管理也具有协同特性，体现在多个方面，比如，除了网格长、网格员，还设置管理人员，促进公安派出所、城管、市场监管所、安监所、房管办、规建（环保）办、综治办、卫监所、水务站、拆违办、人口办、司法所、社发办、老龄委、城运中心、文体中心、社保中心、社区中心、招商中心、农管中心、保洁服务社、城投（市政）、环卫公司等相关职能部门人员以派驻、绑定的方式进入处置网格、协同管理。又如，强化党员参与、居民自治共治。对于古美西路上非机动车乱停放情况，居民与商户对于相关部门的劝离、执法较为排斥。对此，梅陇镇成立古美西路商业街党建工作组，并由商户党员骨干牵头，架设总路段长、路段长、路管会、市场化管理公司、网格巡查员的五级治理架构，进行宣传教育与自我管理。

三、处置网格吸纳了"一网通办"的服务内核

"一网通办"以"高效办成一件事"为目标，是新时代践行"以人民为中心"发展理念进行政务服务改革、数字化转型的新探索：

具有便捷性特点，让数据多跑路，让市民少跑路；具有持续性特点，材料提交不打烊，智能办理不停歇；具有柔软性特点，服务指导前置，管理惩处后置。伴随处置网格运行实践的日益丰富，其积极效应不断突显，不仅可以提供统筹性、智慧性、协同性管理，还可以吸收"一网通办"的服务内核，提供便捷性、持续性、柔软性服务，从"能办"向"好办""愿办"不断深化。①

第一，处置网格服务具有便捷性特点，通过一体化的网格工作站、数字化的辅助系统、规范化的联勤联动清单推进保障。首先，关于一体化与便捷性，对应"一网通办"以城运中心平台推动服务一体化、促进服务便捷性，处置网格服务以处置网格工作站为载体推动服务一体化、促进服务便捷性。比如，2021年4月29日下午，梅陇镇第一处置网格（南方）工作站召开审议地摊集市夜市及小餐饮备案申请的会议，公安、城管中队、市场所、安监所、招商中心、百联南方及活动策划公司相关负责人参与会议，审核通过2021年5月1日至6月30日将在南方百联外场举办"玩色市集"的活动。其次，关于数字化与便捷性，对应"一网通办"把申请审批材料在线上传、提高服务便捷性，处置网格服务同样运用数字技术来发现、分析、预测问题，从而提高服务便捷性。比如，第二处置网格在建筑工地安装大量鹰眼摄像检测系统，各角度全方位覆盖，将其作为

① 赵勇：《推进"一网通办"从"能办"向"好办""愿办"深化的思路和对策》，《科学发展》2021年第11期。

保障工地安全施工的"高空卫士"。在收到市民关于工地扬尘问题严重、渣土散落人行道的投诉后，属地城管执法队员立即查看噪声扬尘监控模块，确认"黄色"预警状态，并通过云端查询，锁定两辆清洗不合规的渣土车，快速约谈工地负责人，共同清理了被污染的路面。最后，关于规范化与便捷性，对应"一网通办"把审批流程、审批材料等规范化以提升便捷性，处置网格服务将工作流程、工作职责、工作内容等制度化以提升便捷性。比如，通过确立《联勤联动处置事项清单》，明晰 14 类重点难点事项涉及的处置单位，减少了临时调配确定处置单位的环节，裨益常见难题的高效便捷处置。

第二，处置网格服务具有持续性特点，通过线上线下有机结合，多重勤务模式有序启动推进保障。"一网通办"的创设打破了此前政府服务的时段特定性，方便市民在非政府服务时间在线上传材料，享受一些非人工的智能服务。相应地，处置网格服务也具有持续性特点，主要体现在如下两个方面：一方面，线上辅助线下服务，系统全过程实时监测。比如，对于在"下班"时段跨门经营行为、夜间违规施工行为等，处置网格工作人员都会及时劝告教育。另一方面，多项勤务模式联合服务，包括工作日八小时以内的日常勤务模式、工作日八小时之外（夜间和节假日）的值班勤务模式、跨部门联合专项整治勤务模式、突发应急勤务模式等，落实日常、应急、工作时段、非工作时段的联系性服务保障。比如，在日常勤务模式下，第三处置网格巡查员巡查发现高架桥顶端限高警示杆坠落，立马上报城运平台。镇城运中心第一时间接通单兵人员赴现场查看，确认情况已严重影响了车辆通行，随即联系镇城投公司进行应急处置。经过一小时的紧急抢修将问题处置完毕，保证了城市交通顺畅通行和居民的生命安全。再如，在应急勤务模式下，对于梅陇一村动迁房外墙上雨棚松动，或将受台风影响，存在坠落风险时，处置网格工作人员紧急赶往现场，将该处雨棚拆除，化解险情。

第三，处置网格服务具有柔软性特点。"一网通办"为市民提供便捷性、持续性服务以推动服务保障前置、管理惩处后置，避免直接施加惩处的刚硬性，以柔软性服务提高服务温度，推进服务型政府建设。相应地，处置网格也通过将劝解服务前置于管理惩处，增设服务内容等方式提升服务的柔软性、弹性张力。比如：在莲花公寓居民"毁绿种菜"专项整治中，先由居委上门劝解，在多次劝解无效之后，再由公安、城管、综治办等多部门联合执法；在"违规小广告"专项整治中，第一处置网格工作人员对违规小广告拍照取证后，联系当事人至第一处置网格工作站约谈，先对其进行劝解教育，对于屡教不改者，再予以惩处。就增设服务内容以提升服务柔软性而言，在安排市民接种疫苗的工作中，第一处置网格除了加强疫苗接种知识科普力度，还增加专车接送服务，联合梅陇镇政府安排车辆统一前往接种点，工作人员随车前往以保证接种工作万无一失，积极落实"应接尽接、梯次推进、突出重点、保障安全"的接种要求；此外，第一处置网格还创新鼓励接种疫苗的方法，比如，对已全员接种的店铺，张贴"安心商铺"小贴士。

四、"两张网"融合发展基层实践探索的思考

据闵行区城运中心负责人介绍，截至 2021 年 11 月 19 日，闵行区网格运行已经实现了"多格合一"，有 408 名公安、城管、市场监管等执法管理人员，共 2185 人的自治力量进入处置网格；已经配套落实了 58 处实体化办公地点，实现处置网格实体化运作；已对 14 类联勤联动事项进行闭环流程管理，建立 7×24 小时"平战结合"勤务机制，推动"高效处置一件事"。[①] 尽管闵行区处置网格创设与运行尚不足一年，相关统计数据表明，处置效率提高了，投诉举报比率降低了，城镇治理效能显著提升。现有实践一方面积累了不少有益经验，另一方面还存在一些需要继续探索的问题。

第一，处置网格是有机融合"一网统管""一网通办"，积极推进"一网智治"的基层创新，在整体上提升管理与服务效能的同时，为"两张网"融合发展、落实"牛鼻子"工作提供了理论依据和实践经验。有学者指出，"两张网"得以融合发展的理论依据是，均以"人民为中心"为价值理念，均以变革自身体制机制为行动逻辑，均以大数据、人工智能、云计算等现代化信息技术手段为技术路径，

---

① 张平：《"一网统管"第一时间回应群众诉求》，载澎湃新闻 2021 年 11 月 19 日。

均以具体"应用场景"解决为路径依赖，均以提升干部队伍素质和能力为发展要求。① 作为"两张网"融合发展的基层创新，处置网格切实验证了上述理论依据的科学性、合理性、适切性，这些理论依据可进一步用于指导今后的两网融合发展。就实践经验而言，处置网格在统合服务与管理的时候具有几个特点，如依托处置网格工作站、关注线上线下结合、联通上下左右管服力量、协同多方主体参与等，推广至未来的两网融合，相应地，需要探索管办一体化平台、坚持线上线下结合、加强管服资源联通、统筹多方主体参与等。具体就打造管办一体化平台而言，或许可以结合处置网格打造工作站的两网融合路径与"两张网"实际情况，从"系统"合并、"事项"合并等角度加以思考。

第二，处置网格是一种线下创新，看似在升级"一网统管""一网通办""一网智治"方面没有网上、线上治理创新重要，而事实上，"一网统管""一网通办"发展的痛点和堵点都不在线上技术，而在于线下的政府职能转变和服务流程再造，处置网格这样的线下创新推动条线部门权能下沉、条块部门权能整合，拉近问题发现部门与问题处置主体部门的距离，正是现代化治理体系下提升管服能级的重要命题之一。一方面，处置网格推进"多格合一"、统合处置资源、强化"一网统管"特质、提升"一网统管"能级；另一方面，

---

① 董幼鸿等：《上海城市运行"一网统管"的创新和探索》，上海人民出版社2021年版，第172页。

处置网格的服务拓宽了"一网通办"中的服务范畴，又吸收、契合"一网通办"的特性，推动服务型政府建设。推动"两张网"融合发展的过程中，需要始终关注创新发展线下治理的重要意义。

第三，处置网格在该网格片区作为一个处置力量、服务资源统筹中心，在搜集、使用、流转数据方面不同于此前单一部门搜集数据自用或传送至城运中心用于统筹指挥，其搜集本处置网格区域数据，结合放管服需求，发送给相关部门在处置网格的派驻人员或绑定人员以推进放管服实践，现有数据规则对这种线下治理创新的支撑较少。需要在参考现有《数据安全法》《上海市数据条例》《上海市加快推进数据治理促进公共数据应用实施方案》等规范的基础上，研究处置网格数据治理原则、规则，以推进数据价值挖掘与数据权益保护之间的精巧平衡。

第四，处置网格设置了"各单位各类入网人员仍由原单位管理考核，并应听取处置网格的意见和建议"的考核规则，将入网人员的管理考核权保留在各单位，然而，由于处置网格对各类入网人员的表现相对更为熟悉，仅赋予其建议权，而没有实际的考核权，不利于客观推进工作考核、充分激发入网人员的工作积极性。需要调整现有考核制度，从各单位分离出一定的考核权，分配给处置网格，由各单位和处置网格对派驻人员和绑定人员进行联合考核，把部门资源向处置网格下沉这件事落到实处。

总之，处置网格是基层政府在探索精细化治理过程中将"两张网"运行的模式应用到具体实践中的重要探索，体现了"两张网"

融合发展的趋势和要求，为促进基层社会治理精细化提供了重要的技术和机制保障，有利于推进基层治理体系和治理能力现代化的过程，更好为市民提供优质的公共服务和良好的社会环境。

第七章 挑战与困境:"两张网"融合发展面临的问题与瓶颈

自从政务服务"一网通办"、城市运行"一网统管"建设和运行以来,在城市服务和治理方面取得显著成效,体现了"管用、爱用和受用"价值取向。随着城市治理数字化转型,"两张网"融合成为治理数字化转型的牛鼻子和切入点,在很多应用方面出现了融合发展的趋势,在疫情防控、精准养老和基层治理等很多应用中体现了"两张网"融合发展的特点,形成了城市服务和治理的合力,共同促进城市治理数字化转型,发挥了"两张网"线上和线下联动和协同的功能,成为推进城市治理体系和治理能力现代化的重要载体。但在推进"两张网"融合方面还面临挑战和困境,很大程度上影响了城市服务和治理深度融合、共同发力的态势。

一、"两张网"融合发展体制未理顺，限制深度融合

市区两级"两张网"建设基础条件不同，组织架构异构特征突出，难以扫清"两张网"融合发展遇到的体制瓶颈。在市级层面，政务服务"一网通办"的统筹规划、协调推进和指导监督工作由市政府办公厅负责；政务服务事项管理工作由市审改部门负责；"一网通办"平台运行及其标准规范体系、安全保障体系、运行管理体系与各接入单位对接工作指导由上海市大数据中心负责。上海市大数据中心为市政府办公厅所属全额拨款事业单位。市城市运行管理中心设在市政府办公厅，主要负责全市层面的"观、管、防"工作及重大事项的协调处置，主要工作由各大城市专业管理部门共同推进。

在区级层面，各区情况差别较大。如 H 区城市运行管理中心与区大数据中心合署办公，均为正处级事业单位，为上海首创，办公地点就在区政府所在地。"两套班子，一块牌子"的体制设计确保了区大数据中心能够为区城运中心建设提供强大的数据支撑和技术支撑。但是，由于 H 区辖区内的企业主要是金融企业和企业总部，辖区内为企服务工作主要在区金融办，因此，长期以来，区行政服务中心也设置在金融办，为副处级事业单位。2021 年下半年，H 区行政服务中心才开始从区金融办划归区政府办管理，但仍为副处级事

业单位。因此，在"两张网"融合发展过程中，首先遇到的是机构级别不对等的现实问题。为克服体制瓶颈，区行政服务中心机构改革后，H区任命区城运中心副主任为区行政服务中心主任，以熟悉行政服务事项业务特点，更好对接城运中心业务，打造服务与管理融合场景。

又如，X区采取的是"四合一"的机构设置，区行政服务中心、区城运中心、区大数据中心和区网格中心合署办公，均为正处级事业单位，这也是上海四中心整合最为彻底的，但其办公场所并不在区政府所在区域内。相比之下，C区行政服务中心、区大数据中心、区城运中心各自分设。其中，C区城市运行综合管理指挥中心与C区城市网格化综合管理中心联合办公。由于C区和H区的网格化管理工作基础扎实，因此在城市运行管理中网格化管理的痕迹较重。一方面，城市运行管理的事项范围远远超出网格化管理的事项范围，后者在处理非紧急类简单事件上优势明显，但在处置突发事件与疑难杂症时缺乏经验。另一方面，区城运中心对口市城运中心，而区网格化管理中心的主管部门是市住建委，实际运行中存在多头管理、多头考核的现象。由于城运中心内部体制没有理顺，也增加了自上而下推动"两张网"融合发展的阻力。

全市其他区面临的体制问题也大同小异。此外，由于区城运中心为正处级事业单位，在横向协调同级别委办局时遇到较大的体制障碍；同时，区城运中心内部人员编制也会影响工作积极性。具体而言，如果由区府办副主任担任区城运中心法人代表，那么他本人为公务员编制，而城运中心其他工作人员至多为事业编制，可能出现大家理解的全中心为一个人"打工"的现象，影响组织效能和人员的工作积极性；但如果区城运中心工作人员全部为事业编制，会使得对外协调职能部门的效果大打折扣。实践中，力度较大的区采取由区政府办主任担任区城运中心法人代表，1 位区府办副主任担任区城运中心常务副主任，再派 1 位区府办副主任任区城运中心副主任的做法，既增加了区城运中心的横向协调能力，又克服了城运队伍"人心不齐"的问题。但是，也有不少区城运中心延续了以往网格化管理的模式，包括区城运中心法人在内的工作人员全部为事业编制且面临较大的"协调难"问题。

体制性的问题如果不能得到有效解决，不可避免地会被带入到"两张网"融合发展的业务场景中。上海全面推进城市数字化转型强调整体性转变、全方位赋能与革命性重塑，这就迫切需要设计出超越传统专业性职能部门划分和条块分割行政架构的跨层级、跨部门、跨主体协同体系，在数据流通、交换、共享的基础上深化数据挖掘，开发机器学习场景，充分发挥公共数据作为生产要素和生产力的潜在价值，最大限度地提升治理效能。然而，实践中，顶层设计不足导致"两张网"融合发展缺乏明确统一的领导指挥机构设置，各区开展"两张网"建设的牵头部门并不统一，数据及其使用权限仍在各委办局。这也导致现阶段的治理数字化转型更像是"传统 + 数字化"，没有从根本上真正做到流程再造，也没有全方位推动"刀刃向内"的体制机制变革，距离实现治理全过程的数字化转型还存在较大差距。

二、"两张网"融合发展法律依据不同，
制度建设水平存在差异

受业务特征与建设前后等因素的影响，"一网通办"与"一网统管"制度基础差距较大。首先，办理"一网通办"事项比处置"一网统管"事件具备更强的法律法规基础。主要原因是，"一网通办"事项以行政审批事项为主，每个行政审批事项都有较为健全的法律法规依据作支撑，行政审批权所属部门主体清晰、办结时限依法确定，办事材料和流程透明公开，全套流程标准化程度较高。因此，"一网通办"改革的核心是流程再造，通过串联改并联、环节删减、材料合并上报等方式，缩短审批时间、提高审批效率。由于存在可供参考的法定时限，"一网通办"改革成效可以通过与法定时限的比较来描述，这也为改革成效评估提供了相对公正的客观指标。

相比之下，"一网统管"中的城市运行事项个性化、差异化较大，具体表现在哪些数据、哪些场景、哪些应用应当被纳入城市运行"一网统管"中，不同区都有不同做法。主要原因是城市运行"一网统管"与市情、区情、街情、镇情紧密关联，需要因地制宜，城市管理需求五花八门，处置流程、依据、时限受到现场情况、管理主体和处置经验的影响较大，无法像"一网通办"那样找到每类

事项的法律权限和处置流程。

概言之，"一网通办"办事流程标准化程度高，有据可查、有章可循；而"一网统管"处置流程缺乏前期制度支撑，更多是基于经验的总结，不同区域差异较大。因此，"一网通办"的办事流程是已知的、明确的、高度确定性的，唯一不确定的只是前来办理的人次数，对于业务人员而言，面临的主要挑战是是否熟悉办事流程。而"一网通办"感知、发现、预警的事件及其可能造成的后果通常是高度不确定性的，对实时动态数据要求更高，对现场处置人员应变能力的要求也更高。因此，责任清单要求审批部门具备"法定职责必须为"的专业性与严肃性；而城市运行的最高境界应当是"有求必应，无事不扰"，后者追求的是不确定性下的敏捷治理。

其次，"两张网"配套制度建设进程不一。表 7-1 和表 7-2 梳理了公开资料可查的"一网通办""一网统管"前期制度建设情况。总体上看，"一网通办"制度建设先于"一网统管"制度建设。截至 2022 年 5 月，"一网通办""一网统管"均已完成地方性立法工作。

表 7-1 上海市政务服务"一网通办"配套制度建设情况

时间	名称	主要内容
2018 年	《全面推进"一网通办"加快建设智慧政府工作方案》（沪委办发〔2018〕14 号）	提出要实现全市网上政务服务统一入口和出口，建设统一的数据交换共享平台，实现政务服务减环节、减证明、减时间、减跑动次数，真正做到从"群众跑腿"到"数据跑路"，用三年时间形成整体协同、高效运行、精准服务、科学管理的智慧政府基本框架

（续表）

时 间	名 称	主要内容
2018 年	《上海市公共数据和一网通办管理办法》	规定市政府办公厅是本市公共数据和电子政务工作的主管部门，负责统筹规划、协调推进、指导监督本市公共数据和"一网通办"工作。市大数据中心具体承担本市公共数据归集、整合、共享、开放、应用管理，组织实施"一网通办"工作
	《上海市电子证照管理暂行办法》	对全市各级行政机关、履行公共管理和服务职能的事业单位实施电子证照信息采集、制证签发、归集入库、共享应用、监督管理等相关活动提供指导和规范
	《上海市电子印章管理暂行办法》	明确了电子公章、电子职务章、电子私章等不同范围和类型的电子印章的申请、制作、使用、管理及信息安全等事项
	《上海市"一网通办"电子档案管理暂行办法》	明确了"一网通办"电子档案是公共管理和服务机构依法履行职能的重要凭证，是国家档案信息资源的重要组成部分，应具备法律、法规规定的原件形式，收集、归档、保存、利用、移交、接收等关键环节应有可靠的技术保障措施，确保其信息真实、内容完整、来源可靠，能有效利用
2019 年	《长三角地区政务服务"一网通办"试点工作方案》	要求总结推广沪苏浙皖三省一市改革经验，强化长三角地区政务服务跨区域通办和数据互通共享，推动一批高频政务服务事项实现线上"一地认证，全网通办"，线下"收受分离、异地可办"，推进长三角地区政务服务业务流程标准化，率先实现全国一体化在线政务服务平台公共支撑功能在长三角地区落地 ①
	《建立"一网通办"政务服务"好差评"制度工作方案》	提出建立健全以企业和群众办事体验为导向的"好差评"指标体系，覆盖"一网通办"全部事项、全部渠道和提供服务的所有部门；并建立完善"好差评"评价、反馈、整改、监督全流程闭环工作机制

---

① 吴頔：《长三角政务服务试点"一网通办"》，《解放日报》2019 年 4 月 4 日。

（续表）

时 间	名 称	主要内容
2020 年	《上海市"一网通办"平台运行管理暂行办法》	明确了"一网通办"平台运行管理的职责分工、政务服务事项管理、服务管理、数据管理、安全管理以及监督考核等方面的内容
2021 年	《关于进一步促进和保障"一网通办"改革的决定》	以地方性法规形式将"一网通办"一体化平台建设、统一政务服务移动端应用、"一业一证"、电子证照服务、"随申码"社会化应用和"好差评"等改革举措制度化

表 7-2 上海城市运行"一网统管"配套制度建设情况

时 间	名 称	主要内容
2020 年	《上海市城市运行"一网统管"建设三年行动计划》	"一网统管"是超大城市治理的"牛鼻子"工作，必须高度重视、统一思想、合力建设，坚持顶层设计与需求导向相结合，聚焦重点领域重要场景，围绕"高效处置一件事"，加快系统整合，强化数据赋能，夯实信息安全，切实做到实战中管用、基层干部爱用、群众感到受用
	《上海市绿化市容局环卫条线"一网统管"平台建设技术导则（1.0 版）》	对"一网统管"平台版面内容及布局、视觉设计要求、数据归集分类规范、数据对接技术规范、协同处置及其他相关技术规范提出要求，旨在推动市绿化市容环卫条线建设垃圾分类监管平台（总平台）以及生活垃圾条线、建筑垃圾条线和餐厨废油脂条线三个分平台之间"板式统一、要素明晰、突出重点、局部自主"
2021 年	《上海市绿化市容行业"一网统管"平台区级指导意见》	旨在形成技术规范统一、场景开发协同的技术支撑体系，推动本市绿化市容行业治理由人力密集型向人机交互型转变，由经验判断型向数据分析型转变，由被动处置型向主动发现型转变，提升行业管理科学化、精细化、智能化水平，助力行业数字化转型
	《上海市绿化市容行业"一网统管"平台建设总体技术规范（1.0 版）》	明确了市绿化市容行业"一网统管"平台建设的技术框架、支撑体系及平台功能，包括数据归集、数据共享与交换以及 15 项行业"一网统管"平台基本功能

（续表）

时　间	名　称	主要内容
2021 年	《上海市人民政府办公厅关于加强区级城市运行管理中心建设的实施意见》	为理顺区级城市运行管理中心体制机制，更好发挥区级城运中心的枢纽作用，加强"一网统管"实战效果提出实施意见
	《城市运行"一网统管"视频数据采集技术规范》	旨在明确各区开展视频数据的统一规范采集和结构化处理，实现公共数据分层存储及管理规范
	《城市运行"一网统管"物联数据采集技术规范》	旨在明确各区开展物联数据的统一规范采集和结构化处理，实现公共数据分层存储及管理规范
2022 年	《上海市人民代表大会常务委员会关于进一步促进和保障城市运行"一网统管"建设的决定》	明确了"一网统管"建设的目标、各级政府和管理机构的主要任务和具体职责，以及"一网统管"建设相关技术、平台、场景规范等

　　不过值得关注的是，在"两张网"融合发展方面，上海已经具备一些基础性条件。如"一网通办""一网统管"市级主管部门均为市政府办公厅；2018 年 4 月挂牌的上海市大数据中心统一负责"一网通办""一网统管"中公共数据资源归集、治理、共享、开放、应用、安全等技术标准及管理办法，推进上海政务信息系统的整合共享，并承担全市政务云建设和管理工作。2020 年 1 月成立的上海市公共数据标准化技术委员会，联合全市三十七家公共数据管理单位、科研院校和用户单位，以公共数据全生命周期管理为导向，围绕公共数据"采集、归集、治理、应用、安全、运营"各环节，针对"一网通办""一网统管"建设中迫切的数据标准化需求，研究制定了《公共数据共享交换工作规范第一部分：平台建设和运行管理要

求》和《公共数据"三清单"管理规范》等十七项标准规范。[①] 此外，在区和街镇层面，基于解决实际问题的"两张网"融合应用场景正在日渐增多。

三、基层数字化基础难以满足"两张网"
融合发展的高期待

基层是政府治理、社会治理和城市治理重叠程度最高的区域，基层政府最直接面向企业和公众，能够最直接听取到企业和公众的需求和诉求，各类服务管理需求率先在基层涌现，也迫切需要在基层率先给予回应和解决。因此，基层具备"两张网"融合发展的丰富应用场景，是上海市以"两张网"融合发展撬动治理数字化转型的基本载体。但是，尽管学术界和各级政府对"两张网"融合发展的基层实践都有较高期待，但"先天"条件不足使得基层在推进"两张网"融合发展中遇到了"上面热，中间温，底层冷"的现象。

第一，基层数字化转型瓶颈突出，限制了"两张网"融合发展潜力的发挥。一是数字化转型力量匮乏。二是数字化项目外包安全风险高。很多街镇不具备数字化项目运营和数据运维能力，在数字

---

① 《持续赋能"一网通办""一网统管"　上海数标委成立一年推出17项标准规范》，载东方网，2021年1月16日。

化转型中主要采用外包模式。企业深度参与政府数字化项目建设，获取了大量数据；然而，政府对企业监管不足、思想上不重视、法律法规滞后、缺乏运营评估等问题普遍存在，项目外包所诱发的信息泄漏风险防不胜防。三是对先行先试心存顾虑。街镇既担心做好了被市里区里统一整合，前期投入成为沉没成本，又担心做成后不被复制推广导致来回"翻烧饼"或造成新的信息孤岛。四是数字化转型后劲不足。对于基层干部而言，要创新就得冒风险，有时会突破政策，有时在打政策"擦边球"，甚至存在项目未批先建、合同先建后签等不规范操作。上述问题如果得不到根本解决，全面推进数字化转型与"两张网"融合发展很可能会出现"大脑发达，四肢跟不上，神经末端坏死"症状。

第二，顶层制度设计对操作实务指导性不强，不少地方出现"上面神仙打架，下面基层遭殃"现象。随着国家层面《数据安全法》的出台和本市《关于进一步促进和保障"一网通办"改革的决定》的实施及《上海市数据条例》的出台，城市数字化转型的法律法规体系不断成熟完善，为"两张网"融合发展提供了制度支撑。然而，部门普遍反映，尽管有制度文件，但实际操作时仍比较迷茫：原先各条块自主建设的主系统如何融入市区一级的"两张网"平台？接入市区"两张网"平台后谁来负责运行维护？各条块内部建设的分散子系统未来如何使用？目前这些仍是困惑。也有基层同志反映，顶层制度设计脱离基层一线火线需求，没有考虑基层的烦恼和痛点，缺乏"一招制敌"的办法；市里很多征求意见的文章太庞大，基层提不出太多建议。由于各区各街镇主管或分管领导对数字化转型认识不统一，不同领导不同思路，加之数字化转型时间紧、任务新，基层干部有时还没搞清楚情况就要做决策。

第三，数据共享形式大于内容，末端处置低效率高损耗。一方面，跨层级数据共享形式大于内容。"条条"各自独立、相互隔阂，横向数据汇聚和整合难度很大；"块块"之间相互冲突，存在上下级数据共享困境，纵向数据打通不了。尽管"市、区、街道"三级平台的数据共享路径是通的，但是访问上级系统的难度较大。街道访问市级平台的数据只能申请公开的数据清单目录的数据，一般需要十五天才能申请下来，等申请下来后，往往数据已经不及时或不管用了。对于不在数据清单目录里的数据可能不能使用或者至少一个月左右才能申请下来。此外，线下政务服务"一网通办"的窗口只能受理事项，没有查看委办局数据的权限。

另一方面，末端闭环处置低效率、高损耗。基层闭环管理是能否实现"高效办成一件事""高效处置一件事"的关键。然而，在"一网通办"方面，窗口工作人员从熟悉个别专业条线业务到熟悉各条线业务进行转型，接触的事项内容成倍甚至成数十倍增加，学习新知识的压力显著增加。在"一网统管"方面，现阶段基层闭环管理手段落后，数字化转型没有从根本上解决基层处置环节人员投入大、作业效率低的烦恼，反而增加了重复作业和疲劳作业，长此以往，"赋能"将变成"负能"。"两张网"融合发展到底能够为基层减轻多少工作负担，现有实践探索还没能很好地回答这个问题。

四、公共数据治理还存在诸多未解决的问题

公共数据采集、治理、存储、交换、使用、管理、安全风险防范与动态隐患排查等基础性工作是贯穿"两张网"融合发展始终的关键问题，关乎数据质量、使用效率及其可能带来的价值与效能。但是，现阶段"两张网"融合发展中仍面临不少数据本身或由数据而生的问题。

第一，数据确权、隐私保护等仍在探索之中。政府部门普遍呼吁，应该制定与数据公开和共享、隐私保护等相关的法律法规和实施细则，明确对政府共享数据各方面的规定，并且给予详细的指导，为"两张网"融合发展提供前置性的法律基础和制度保障。如一些区级部门反映，针对数据公开的制度规范主要停留在政府文件上，尚未上升到法律层面，缺少对数字化转型中必要的数据确权、隐私保护等的法律化规范；或是尽管上位制度安排中对数据管理与安全有所涉及，但法条缺乏可操作性，并不能从根本上解决实际问题。如《上海数据条例》对违法个人信息特别保护相关条款的情形，缺乏明确的法律责任；违规处理个人信息的情形也只有在侵害众多个人的权益时，才有可能引发法律诉求，但何为"众多"，法律文本中并未加以明确。

第二，公共数据质量参差不齐，未能挖掘数据最大价值。具体

表现为三个方面：首先，"数出多源"现象仍存在，数据质量参差不齐。公共基础数据来自政府部门、基层街道、商务楼宇、移动终端等，数据来源渠道多源，数据质量参差不齐。其次，缺乏公共数据治理和质量稽查管理细则，数据的完整性、准确性和可用性有待进一步提升。再次，无法实现错误数据及时全面纠偏。公共基础数据存在一定的错误率，受数据确权、数据安全等因素的影响，市、区目前对异质数据的反馈和处理机制很难实现对全部错误数据的及时纠偏。最后，公共数据有效利用率不高，数据价值并未发挥到最大。

第三，业务部门归集使用数据的意识和能力还不强。在"一网通办""一网统管"建设之前，市、区各职能部门已经建成了数量庞大的业务信息系统，这些系统的建设主要是各部门围绕本部门职权采集相关数据并提供信息保护所建立的相对独立的电子政务系统，承接信息系统建设的企业和运营商各不相同，数据标准、应用程序、接口设备等方面各有差别，不少经历过机构合并的部门至今还存在"一个部门，几个信息系统"的现象，客观上带来了数据共享难度大、数据报送低效等问题。在"两张网"建设中，打通数据"烟囱"，消除信息壁垒是各级大数据中心的主要职责，但是由于各单位对接人员不固定，大数据中心在具体推进工作中需要反复沟通，影响效率。同时，即便是在数据共享交换的渠道畅通之后，不少业务部门对于哪些数据能用、数据如何使用、数据安全风险如何防范等问题仍存在疑问，使用数据解决问题的意识和能力不强。总体上看，公共数据充分动态实时共享能力不足、效果不佳是制约"两张网"

业务场景开发的较大瓶颈。

第四，"两张网"融合缺乏标杆性的应用场景。一方面，市、区、街镇在城市运行"一网统管"和政府服务"一网通办"建设方面已经陆续出现了一些标杆性的应用场景，如"最小管理单元数字治理"、线上"店小二"等，为拓展本区域"一网统管""一网通办"建设提供了示范。另一方面，"两张网"融合发展的应用场景较为零散，还主要停留在"盆景"层面，尚未形成"苗圃"。如徐汇区探索了"两张网"融合加速夜间施工审批，长宁区探索了苏州河华东政法大学段"两张网"融合赋能客流疏散保障游客体验的场景，闵行区梅陇镇开发了实体化运作的处置网格推动形成"两张网"线下融合的物理载体，但这些场景或是融合层次较浅，或是复制成本较高。换言之，现有的"两张网"融合发展场景尽管能够服务一时一地，但是不具备在更大范围内复制推广的能力，还没有触及"两张网"融合发展的共性特质与共性规律。

五、"两张网"融合中的多元主体参与不足

"人民城市"重要理论强调"人民城市人民建，人民城市为人民"，高度关注人民在城市建设中的主体地位和发挥的重要作用。"两张网"融合发展同样应当遵循"城市是主场，企业是主体，市民是主人"的思路，政府、企业和社会找准各自定位，共同为"人民城

市"建设精准发力。但在现阶段，企业和群众对政府优化营商环境、提高治理效能的期待越来越高，但各类市场主体对自身所应当承担的主体责任还不甚清晰，居民、物业、居委等不同治理主体对自身应当履行的义务和能够发挥的作用还不太明晰，市场主体和社会主体充分参与到"两张网"融合发展进程中的热情和智慧还未能被充分激发出来，企业和市民积极参与"两张网"融合发展的氛围尚未形成，距离动态实现让人民参与和评判还存在距离。

第一，法人和自然人参与能力不足。就法人和其他组织而言，至少能够在两个方面发挥作用：一方面，做实法人和非法人组织的主体责任。尽管中心城区已有部分企业与政府签订了协议，自愿出资安装风险感知设备，并签订责任书，履行企业方面的安全风险防范与排查等主体责任。但总体上看，政府与企业管理职责边界仍不够清晰，标准化的主体责任清单尚未普及，尤其是不具备技术能力的中小企业，如何深入参与到"两张网"融合发展的场景开发中，仍在摸索之中。另一方面，政府也需要防范技术性企业的开发风险。"两张网"融合发展离不开追逐商业利益的营利性企业的技术支持，但针对企业参与具体应用场景开发和数据采集过程的情形，还存在企业对政府业务理解难、公共数据被企业多次开发利用等风险隐患。同时，技术性企业从商业逻辑中积累起来的应用场景开发经验，本质上是以追逐利润为目的的，与政府以高效能治理为目标的应用场景需求存在错位，这也决定了政府不能对技术性企业在"两张网"融合中的技术撬动作用给予过高期望。此外，现有的应用场景仍以零敲散打居多，缺乏具有行业带动作用的头部企业，"两张网"融合发展与数字化生态营造之间的相互作用尚未显现。就社会组织和民间力量方面，如何吸纳更为分散的社会力量和民间智慧融入"两张网"融合发展过程中，如何最大限度地盘活治理资源，提高企业和群众的感受度、获得感和满意度，目前还缺乏成熟、开放、包容的治理体系，尚未建立长效可行的协同治理机制。

第二，电子参与渠道有限，政府公共数据开放进展缓慢，限制了市场主体和社会主体运用公共数据创造就业岗位进而挖掘更大数据应用价值的机会。在电子参与方面，除了"好差评""随申拍"等有限的参与渠道外，企业和市民参与"两张网"融合发展的渠道非常有限。在公共数据开放方面，《上海数据条例》提出了"依托大数据资源平台向社会开放公共数据"的要求，但相关部门仍需进一步明确公共数据开放规则，制定公共数据开放清单，在公共数据目录范围内制定开放范围、开放类型、开放条件和更新频率等事项。相比之下，不少发达国家的整体在线服务能力较强、电子参与渠道多源、公共数据开放的溢出效应已经显现。以韩国为例，首先，韩国政府主张为居民提供无缝在线服务，主要举措是搭建政府总体架构，整合超过 1400 家公共机构的 15000 个电子政务系统，提供标准化电子目录系统，并以电子授权和电子签名系统解决供应商身份确认和信息审核问题，将业务流程从 75 步简化为 15 步，处理时间从四周缩短为一周。此外，韩国电子政务数据系统应用软件几乎都采用开放源代码，从源头上解决了软件不兼容和系统整合难的问题。其次，韩国政府门户网站电子参与工具较齐全。国民可以在线与政府进行各种形式的互动，更加突出需求导向和使用者价值。其中，电子参与门户网站覆盖从中央行政机关到地方政策执行部门的九百多个政府组织，并提供 14 国语言；本国居民和外国人士可以在线对包括政务服务在内的各项公共事务进行政策咨询、信访投诉、监督举报、政策讨论，并鼓励居民在线直接参与决策过程。例如，韩国居民可以在互联网端实时就听证会发表意见，由系统实时将意见反馈至听证会现场。最后，韩国政务信息公开网站和公共数据门户网帮助公众登录一个网站就能了解所有政府部门的信息，并主动向公众大量公开不涉及公共安全和个人隐私的政府管理数据，鼓励经济社会部门运用政府开放数据创造更多的就业岗位。韩国电子政府系统不仅服务本国，而且出口到其他国家；韩国还为全球数千名政府官员提供了电子政务能力培训。由此可见，发达国家的经验不仅包括数据开放，还包括平台基础架构的深度融合，这些都是从深层次上推动"两张网"融合发展的关键所在。

第三，"数字鸿沟"问题仍较为突出，特定群体被阻挡在数字参与门槛之外。"两张网"融合发展是新技术普及应用背景下所带来的新问题，"两张网"融合发展的出发点是让企业和群众拥有更好的"用户体验"，但现实中，仍有不少群体被阻挡在技术红利之外，主要包括老年人群体、残疾人群体、低幼群体等。如"离线码"本身是出于管理需要为老年人群体提供的服务场景，但使用中需要医院、公园、商场等诸多"验码"单位的配合，如果后者主动服务意识不强，持有"离线码"的人群很有可能会遇到对方不认离线码的困惑，既损害了政府公信力，也降低了"两张网"融合发展的用户获得感。又如，为了减少线下排队和人员聚集，各大医院都将预约挂号作为基本"要件"，但是很多老年人并不熟练操作电子设备，在线预约挂号反而加剧了老年人群体的"看病难"。此外，不少为老服务机构在为老年人提供服务的同时，也在采集老年人及其子女的个人信息，一旦这些信息被超范围采集和使用，很可能使老年人成为精准电信诈骗的更大受害者。这些问题有不少是"两张网"融合发展前就已经存在的问题，需要借助"两张网"融合发展来更好地回应与解决，更需要避免在"两张网"融合发展过程中将这些问题进一步放大。

总体上看，政府在促进"两张网"融合发展方面正在开展不少工作，但是企业和市民对"两张网"融合发展的感受度和获得感还不明显，法人、非法人组织和自然人等各类主体参与治理数字化转型的创新机制、途径和模式还不够完善。"两张网"融合发展更像是政府自己的事，还停留在靠城运中心等部门"绞尽脑汁"苦思冥想的阶段，仍是政府"拉着"企业和市民往前走，尚未充分释放政府、企业和市民"齐头并进"的"善治红利"。

第八章 路径与策略:"两张网" 融合发展的未来态势

在上海城市数字化转型的大背景下,"两张网"融合发展是政务服务和城市治理一体化的必然选择,是城市治理坚持以"人民城市"重要理念的具体实践和探索。"一网通办"和"一网统管"是一个系统的两个方面,互为表里、紧密联系,两者都是现代治理体系和治理能力现代化建设的"牛鼻子"工程,核心都是数据汇集、系统集成、部门协同、联勤联动和共享开放等内容。未来在城市治理数字化转型中应进一步在更深层次、更宽领域深化"两张网"融合,以期全方位撬动政府管理和服务的全面深化和深度融合发展,实现"整体智治"和"一网智治"的目标。具体内容如下:

一、文化重塑：凝聚"两张网"融合发展的共识，为"两张网"融合发展创造良好的政治生态

（一）强化"两张网"融合发展的理念，为实现"两张网"高效整合创造共识

"两张网"运行具有共同的理论逻辑，为"两张网"融合发展提供了理论基础和实践共识。主要表现在：一是"两张网"建设的价值理念相同。"两网"建设都践行了"人民城市人民建，人民城市为人民"的"人民城市"重要理念，体现了以"人民为中心"的城市发展要求和价值取向。二是"两张网"建设的行动逻辑相同。"两张网"建设的行动逻辑都是通过"刀刃向内"进行的一次体制机制自我革命和自我创新，借助于技术手段倒逼政府对自身体制机制的变革来实现政府职能转变和服务流程的再造，从而重塑政府的职能和形象，提升民众的便捷度和满意度。三是"两张网"建设的技术路径相通。"两张网"建设都是运用大数据、人工智能和云计算等现代化信息技术手段，实现技术治理嵌入城市治理和公共服务过程，提高城市技术治理的能力和水平。四是"两张网"运行的路径依赖相通。"两张网"运行的机理是相通的，都是以具体"应用场景"解决为路径依赖，实现为民服务和城市治理的目标。五是"两张网"运

行对干部队伍能力要求趋同。"两张网"建设和运行对从事政务服务和城市运行的干部队伍素质和能力提出了更高的要求。因而，在城市数字化转型过程中，坚持政务服务和城市运行"两张网"融合，共同发挥"两张网"的功能，有利于更好地促进城市治理体系和治理能力现代化水平提升，进一步增强市民的获得感、幸福感和安全感。

（二）提高站位，坚持"两张网"建设使命是城市治理数字化转型的重要抓手

"两张网"融合发展的过程，折射的是上海的城市精神、城市品格和城市软实力。一是各级各部门要跳出部门框框、克服"短视"目光，以城市发展的更高站位和更高姿态来看待"两张网"融合发展，以"全市一盘棋"的工作思路来创新具体举措，以企业和群众的真实感受度作为评判融合得好不好的最终标准。二是以"海纳百川"的开放精神和包容心态，接受国际上最具创新性的理念和做法，推进城市服务和运行的现代化和智能化。三是苦练内功，以"两网张"融合发展为契机推动市域数字化治理的体制机制革新，并为全球城市治理输出上海样本和中国经验。

（三）革新理念，"两张网"融合发展的根本是打造城市可持续发展模式

"两张网"融合发展的本意不是"一网通办"与"一网统管"的

拼接或连通，也不是简单的线上对线下的补充或"复刻"，如果建设过程仅仅是"架桥修路""叠床架屋"，其结果是体系更复杂、系统更脆弱。"两张网"融合发展应强调"平台政府"理念，以平台整合为基础，推进基础数据融合、业务流程再造、治理结构优化和治理模式创新，提取部门协同的最大公约数、合并同类项，化繁为简，以更集约的数据存储方式，更精准、高效、便捷地满足管理和服务需要。"两张网"融合的本质不是以更多的人力、财力和物力投入来做"锦上添花"的事，而是以更精简的队伍、更简洁的数字化系统、更高效的数字传输和共享，来激活和释放出更高水平的服务和管理效能，从根本上提升政府的高效能治理水平，为实现民众的高品质生活保驾护航。

（四）跨越鸿沟，"两张网"融合发展成果应惠及全体企业和民众

上海市数字化转型强调"城市是生命体、市场是主体、市民是主人"，"两张网"融合项目同样不应只是政府自身的改革，而应吸纳和带动市场和社会主体自发参与进来，共筑共建共治共享氛围。同时，"两张网"融合发展也要注重推动"发声者"和"未发声者"意见的融合，尤其是要通过创新工作机制和信息沟通渠道等途径倾听互联网时代的"边缘群体"和数字化时代的"弱势群体"的声音，让企业和群众能够充分享受知情权、参与权、表达权和监督权，并使其成为"两张网"融合发展最可靠的参与者和最直接的受

益者。

二、组织健全：加快"两张网"平台的组织和机构整合，进一步促进城市服务与管理职能的融合

根据城市管理和政务服务发展的需要，强化寓服务于管理之中，进一步增强"两张网"的融合度和共享度。为此，通过搭建平台，明确职能，确定各主体职责，从组织机构和人员等组织方面着手，为"两张网"融合发展创造良好的组织环境。

（一）区、街镇层面成立治理数字化转型的领导机构和运行平台，为基层治理数字化转型和"两张网"的融合发展提供组织保障

针对全市各区"三中心"（即城运中心、行政服务中心、大数据中心）建制不同，"两张网"融合基础条件薄弱等情况，可以考虑将"三大中心"的管理机构进行适当的归并或整合，成立统一的领导机构，由高位阶的领导担任责任人，统筹管理三大中心，解决三大中心管理体制碎片化和缺乏统筹的问题，确立区、街镇治理数字化转型的机构职责体系，形成三位一体的城市治理数字化转型的推进力量。如 X 区行政服务中心、区城市运行管理中心和区大数据中心已经实现"三位一体"办公，共同促进城市治理数字化转

型。H区着手推进城市运行中心、行政服务中心和大数据中心的三位一体融合，共同推进区、街"两张网"融合发展的问题。这些组织机构整合为"两张网"进一步融合，整体推进数字政府建设提供了组织保障。

（二）强化顶层设计和规划，做好城市治理数字化转型平台建设的规划，推进区、街镇城运中心和行政服务中心规范化、标准化建设

未来可以发挥市、区城运中心或大数据中心牵头作用，联合相关主管部门，制定区、街镇治理数字化转型的规划和实施方案，明确区、街镇治理数字化转型中平台建设的规模、人员、财政预算等内容，统一区、街镇城运平台和行政服务平台的职责和义务，为区、街镇城运平台和行政服务平台建设和运行提供制度保障。同时，加强技术指导和规范，在"六个一"的技术支撑体系基础上，按照业务标准化、流程闭环化、管理规范化、应用实效化原则，对升级后的城市网格化综合管理系统、政务微信、数据采集与安全、基本应用场景、平台架构、管理制度等方面，加快出台相关技术标准和管理规范，进一步统一数据标准和使用规范，细化数据上云、应用开发等技术要求，为系统有效互联、业务协同联动提供标尺和依据，进一步为区、街镇城运中心和行政服务中心建设提供标准和规范的指导。

（三）做实基层的"两张网"运行的平台机构，将政务服务和城市运行有机结合，推进基层治理数字化转型

在推进基层治理数字转型和"两张网"融合过程中，可推广浦东新区居村联勤联动站建设做法，在基层联动中心基础上设立"一网通办"的服务平台，深入推进本市"一网统管"和"一网通办"体系落地落细，夯实基层治理数字化转型的"底座"。今后，可由市城运中心或大数据中心牵头，组织相关专家对居村联勤联动站建设进行评估和论证，梳理和总结新区居村联勤联动站建设的好做法及经验，制定相关的指导办法，进一步在全市范围内推广新区居村联勤联动平台建设做法，为各区基层居村联勤联动站建设提供制度依据，更好地做强做实基层"一网统管"和"一网通办"的基座，促进基层治理数字化转型。各区应加强制度建设和机制完善，强化居村联勤联动的制度性和规范性的刚性约束，确保下沉力量的常态化到位和作用的真正发挥，为区委办局力量的下沉提供制度保障。同时，要进一步思考和规划，将条线部门下沉力量的职责或者优势整合进入居村联勤联动站，可以参考"民警进社区""城管进社区"的做法，使居村联勤联动平台成为各种城市管理力量整合的载体，确保各条线部门力量在居村联勤联动平台上得到有效整合发挥，各部门共同推动"两张网"在基层融合发展的进程。

三、制度完善：加强制度和规范建设，完善相关制度体系，为"两张网"融合发展创造良好的制度环境

（一）加强推进"两张网"融合发展的相关法规和制度体系建设，为"两张网"融合发展提供制度保障

上海市大数据中心或市城运中心在推进"两张网"融合发展的过程中，可根据"两张网"融合发展的要求和需要，结合"一网通办"和"一网统管"运行的成功经验和做法，加强"两张网"在数据治理、系统建设、联动机制、责任体系、数据安全等方面的法规和制度建设，总结"两张网"建设中的成功经验和做法，规范"两张网"融合发展的行为和过程，促进"两张网"融合发展顺利进行，为"两张网"融合发展提供制度体系保障。

（二）完善线下与线上协同联动制度，快速高效整合城市管理和服务力量，更好服务民众和维持城市正常的运行秩序

在"两张网"融合发展中，应强化数字技术应用，做强基层，重视线下，进一步聚焦线上线下协同，统筹调度一线的力量和资源，共同发挥"两张网"在城市管理和服务中的功能。一是充分发挥基

层网格优势，做实综合处置网格和服务网格。将委办局设在街镇的不同划分标准的网格调整为划分方式一致的"多格合一"模式，公安派出所、城管执法中队、市场监管所等作为主要部门派驻综合处置网格，其余相关职能部门以绑定方式进入处置网格。每个处置网格承担行政执法职能的部门人员配置达到标准，在处置网格层面将联勤联动常态化。二是鼓励通过移动端、政务微信、小程序等轻应用，推进基层处理模式从传统人工处理向机器派单、智能管理转变，提高处置和服务的效率。三是完善城市健康状况筛查、预警、预报机制和技术标准，减少错报、误报率，指导区城运中心和街镇城运中心将有限的处置力量投入到处理急、难、特的问题上。一方面，有效地管理好城市运行中的人、物、动和态等要素，另一方面，更好基于群众的需求提供优质的服务，满足市民对美好生活的需要。

（三）建构"两张网"融合发展的考核指标体系，完善对区、街镇治理数字化转型的考核评估制度，更好地推进"两张网"融合发展和创新

在原有考核"一网通办"基础上，探索系统综合的城运工作考核和行政服务中心考核模式，通过联合考核、量化考核、容错、激励等机制建设优化考核制度，发挥市城运中心或大数据中心牵头考核工作的功能。一是建立综合考核机制，在实践中可由市城运中心协同总值班室、12345 热线、信访办、市大数据中心、网格办等考核主体，建立综合考评工作委员会，统筹各类考核指标体系，由各

自为政转向联合考核转变，统一考核时间和方式，减少各区城运中心和行政服务中心考核工作负担，提高城市治理和服务综合考核的效能，真正发挥综合考核在推进"两张网"融合发展中的功能。二是加强城市运行和服务的效果的指标体系设计，重视量化考核、聚焦智能检测，突出考核的科学性和精准性。例如，对城市运行和服务应用场景的评价，可拓展发现率、在线率、响应率、解决率等量化指标。确保量化指标有利于各级平台搭建"效能智能监测"体系，实现考评的智能化和科学化。三是加强激励、责任追究和容错工作等制度建设，为鼓励各区、街镇等基层部门结合自己的实际开展特色自主创新，鼓励自主"抢单"和竞赛，建立相应的激励机制和措施，对"两张网"融合发展和自主创新工作允许一定程度的容错，加强考核对工作的导向性和引导性，从制度上鼓励各级政府和部门推进"两张网"融合发展的试点和探索工作。

（四）完善数据治理相关制度，健全数据收集、治理、共享和分配的制度体系，提高数据运用的效率和安全度

遵循国家和市数据管理标准，根据"两张网"融合发展的需要，持续开展市、区、街镇等部门和单位公共数据资源的汇聚、规范数据归集准入和更新机制，提高数据汇集质量；持续开展数据治理，明确部门数据权责，积极探索评价模型和考核体系，调动各类主体参与数据治理和数据共享的工作积极性，发挥各类主体在生产数据和共享数据方面的功能，让各类主体在数据治理中既是生产者，又

是消费者，形成各类主体数据的共同体，为"两张网"融合奠定坚实的数据基础，共同推动"两张网"融合发展的进程。

（五）激活多元主体参与"两张网"融合发展的积极性，构建有利于各类主体参与的制度体系，搭建各类主体积极参与的平台

首先，再造基层治理模式，打造多元社会治理格局。在"两张网"融合发展过程中，重点深化基层共治联动能力和社区治理一张网，推动社会治理重心下移，加快形成党建引领、民主协商、多方参与的共建共治共享的格局。为了更好地发挥社会主体参与"两张网"运行，要以党建为引领，强化居民区党组织对基层治理的全面领导作用，构建多元主体共治应用场景，发挥街道、居委会、业委会、物业等多元主体自治作用，打造在线社群、线上议事组织、开放式民调等应用场景，确保共治主体之间需求与资源精准匹配和衔接联动，形成"两张网"在基层运行的治理模式。同时，深化基层自治与智治融合，加快推动"社区云"建设，整合居民区层面信息系统，推动各类系统在街道、居民区实现一个门户、一次登录、一次数据采集等工作，简化居民的程序，减少居民的参与成本。开发建设社区治理数字化应用场景，基于动态更新的社区实有人口、房屋、车辆等基础信息数据，按需建立多样化数据分析模型，创新可复制、可推广、可联动的社区治理是应用场景，增强各类社区管理问题的发现能力，形成全方位、广覆盖、立体化的社区治理一张网，

实现社区各类问题一口反映上报、自动派单处理，有效提升社区精细化和智能化管理水平。

同时，在"两张网"融合发展中，调动市场主体参与治理数字化的过程。一方面，通过市场手段参与"两张网"运行的基础设施建设，将最新大数据、人工智能及云计算等信息技术运用于"两张网"运行的底座，提高"两张网"运行的科技含量；另一方面，鼓励市场主体参与数据要素流通和数据赋能过程，根据法律法规规定，及时高效向市场主体开放相关数据，发挥公共数据的功能，为市场主体创造更好的营商环境和科技创新生态。

四、机制优化：健全适合"两张网"融合发展的机制，为"两张网"融合发展提供良好的机制保障

（一）建立基层共建共管共享工作机制，加强条块部门协同，做实基层街镇、村居城市运行平台

为了解决街镇城运中心平台任务"超载"的现象，一是整合街镇辖区各类执法管理力量，将上级部门设置在街镇的多个网格整合为一个综合网格，实现多网合一。可考虑按照一个处置网格对应若干个自治网格的方式，将社区民警、城管、市场监管、房管办等执法管理力量，以"一一对应"或"一对多"的方式，对接进入自治

网格，推进各类管理和执法力量下沉到网格，做到线上和线下、处置网格和自治网格一一对应，协同作战。二是进一步发挥街区联勤联动微平台和居村联勤联动站功能作用，持续形成以城管、公安、市场监管、安监、市容绿化等部门联勤联动工作模式，利用扁平化、交互式、去中心化的组织形式开展相互合作，以此提升办事效率和效能，并通过底层的端、网、云基础设施建设承载整个智慧城市的底座，形成城市数字大脑，保证平时勤协同、战时强联动。同时，在基层城市公共服务中，共同发挥"两张网"融合发展的功能，实现跨部门、跨地区和跨行业的力量协同，更好地推进城市基层管理和服务的融合，为市民和企业主体提供更好的公共服务产品。

（二）健全多元主体参与协同治理机制，形成推进"两张网"融合发展的合力

在全面数字化转型过程中，城市是主场、企业是主体、市民是主人，"两张网"融合围绕着"主场、主体、主人"开展工作，充分发挥政府、市场、社会等主体的力量，形成推进"两张网"融合发展的整体合力。政府加强与企业的合作，发挥企业的技术优势，为"两张网"融合的工作流程和平台设计提供技术支撑。企业可以探索围绕着"高效办事一件事""高效处置一件事"的工作逻辑，结合具体的应用场景强化城市服务和管理职责，开发相应的软件和系统。同时，拓展企业参与"两张网"融合发展的空间，发挥企业在数据治理和共享方面的优势，让企业成为政府在数字化转型中的重

要伙伴。

在"两张网"运行中，吸纳社会力量和民间智慧参与治理数字化转型过程，围绕着市场和市民的需求，增强"两张网"运行的人本性和人文性，提高群众和企业的感受度、获得感和满意度。同时，在"两张网"融合发展中充分发挥市民和社会主体的作用，在信息提供、体验服务、监督"两张网"运行等方面提供外部力量的支撑。如在"两张网"融合发展中，广泛动员市民参与服务的体验度调查，根据各自在服务和管理过程中的体验和感受，反馈给政府相关部门，作为改进工作的依据，为"两张网"融合发展提供广泛群众基础和基层力量支持。

（三）建立适合"两张网"融合发展的财政保障机制

由于信息化新基建系统技术迭代升级迅速，对信息硬件、软件系统的投入提出了更高要求。原有传统财政保障机制是根据传统物资保障流程和规范进行设计的，而数字化时代技术更新的速度和频率远远大于传统物资和技术保障的要求。因而，要求政府部门在推进"两张网"融合发展的过程中改变传统财政保障机制，优化财政招投标的流程，根据"两张网"融合的治理数字化转型对技术迭代的新要求，创新财政审批的新模式，以结果为导向的评价模式，转变以前源头程序和过程控制的财政预算管理模式，提高财政保障的有效性和精准性，为"两张网"融合发展提供坚强的物资保障。

五、队伍建设：加强领导干部和基层工作人员数字化治理能力的培养，打造一支适应数字化转型的高素质人员队伍

（一）加强各级领导干部的治理数字化能力建设，增强领导干部数字治理素养和意识

当前根据上海城市数字化转型的实施意见要求，将数字化转型的相关内容和要求纳入干部能力的培训计划，加强对治理数字化相关内容的教育和培训，发挥党校（行政学院）的主导作用，将领导干部数字化能力作为各类专题班培训内容，尤其将政务服务"一网通办"、城市运行"一网统管"内容作为治理数字化转型的"牛鼻子"工作内容，融入干部教育培训课程和教材，进行多种形式的教学和培训，增强领导干部数字治理的意识和能力，为治理数字数字化提供干部队伍保障。

（二）加强区、街镇城运平台人才队伍的培训和开发，探索以治理数字化项目为载体的灵活用人模式，为基层治理数字化转型提供人才保障

一方面，加大基层城运平台的人才培训，聚焦治理数字化转型

的内容和要求，尽快让一线人员熟悉城市治理数字化的要求和技能，更好推进基层治理数字化转型的工作；另一方面，探索灵活的用人模式，在推进基层治理数字化转型中推进具体项目引入灵活的用人模式，通过合同外包的方式吸纳企业和社会上专业的技术力量参与，发挥数据专业人才的作用，破解基层街镇治理数字化转型中数据专业人才缺乏的困境。通过基层数字治理平台人才的培养为"两张网"融合发展提供队伍的保障和支撑。

六、技术创新：加强数字技术应用的探索和创新，为"两张网"融合发展提供坚实技术保障

（一）优化技术创新手段，"两张网"融合的目标是实现"敏捷治理"

"敏捷治理"强调的不是"快"，而是如何在价值、主体、对象和工具等方面实现创新与治理的协调发展。"两张网"融合发展是实现"敏捷治理"的重要试验场域，如决策与执行的闭环融合，能够放大治理效能。如"上海外滩建党一百周年主题光影秀"把现场大客流安全保障的指挥权下放到最基层，凸显了"让听得见炮火的人做决定"的治理创新，创造了承接 11.7 万人的历史记录。在台风"烟花"影响上海期间，在"一线管战，上级管援"的默契配合下，

上级管理部门与一线工作人员在第一时间同步收到最新信息，为一线工作人员率先采取行动、化解风险、减少损失提供了治理支撑。要求市级"两张网"建设牵头单位在防台防汛、防疫大数据协查赋码、市场监管等融合应用的基础上，形成"两张网"融合发展清单或指南，为区级和街镇"两张网"融合发展提供示范和指引，促进"两张网"融合发展。

（二）强化市、区城运平台对基层治理和公共服务的数据赋能，夯实基层数据治理能力

一是区大数据中心应抓紧制定全区数据清单目录，规范街镇数据采集、更新、应用、安全管理等闭环化管理相关工作要求，明确划分"条"和"块"信息采集范围，统筹整合全区各类视频资源和智能感知设备，出台相关数据共享应用的工作措施、时间表与路线图。二是市、区城运平台和行政服务平台应重点围绕数据共享、聚合应用、结果推送、智慧预测、监督评价等方面加强对街镇城运平台的数据赋能，及时推送相关数据分析结果及运用指导意见，支撑基层解决好具体问题。三是街镇城运平台应做好对自身已建系统和平台的数据分类整理，积极与市、区城运平台进行数据对接，上下保持一致。

（三）"两张网"融合发展率先从基层寻找突破口

一方面，从基层需求做起。基层有数字化转型最丰富的应用场

景，基层政府了解企业和群众真实需求的渠道更畅通，也更容易找到"两张网"融合的发力点。如政府既要为企业主体提供服务，又要对其运行过程施加监管，重点梳理事前准入服务与事中事后监管业务流程，将其作为面向"法人"提供服务和管理活动的"两张网"融合发展的着力点，并以此作为从深层次上撬动行政审批制度改革的支点。另一方面，从基层试验抓起。一是培养"双用户"思维是实现"实战管用"的前提——既要倾听企业和民众的意见和建议，也要倾听一线作业人员的呼声和反响。二是形成"两张网"既可以在线上融合，也可以在线下融合的意识。如闵行区梅陇镇针对辖区内跨部门复杂事项设置实体化运作的处置网格，兼具问题处置与咨询服务等功能，形成了"线下"融合的雏形。三是以分级分类为抓手。根据现实条件，将城市管理与公共服务的可融合程度划分为"易融合""难融合"及"创造条件可融合"三种情况，先易后难，有序推进。

结　语

上海在城市治理数字转型的背景下，坚持"人民城市"的重要理念，积极推进"两张网"建设，经过三年多的探索和创新，在政务服务和城市运行方面取得了令市民和市场主体非常满意的成效和成果，真正体现了"两张网"在实践中管用、基层干部爱用和群众受用的价值取向，满足了城市治理和公共服务高质量的要求，促进了城市安全、有序、健康发展的需要。在"两张网"推进的过程中，出现了一系列"两张网"融合发展的应用场景，通过具体场景的应用共同进一步拓展了"两张网"融合发展的领域和空间。但在具体推进"两张网"融合发展的进程中，也面临诸多挑战和困境，影响了"两张网"深度融合的力度和效度，要求我们在未来"两张网"融合发展中必须群策群力、多元力量协同，为"两张网"融合创造良好的环境。

从近期来看，在已开展"随申拍""防汛防台专区""防疫大数据协查赋码""审批与监管一体化""精准养老""场所码"等融合发展的基础上，在数据开放共享、基层减负增能、满足市民需求、夯实基础设施、营商环境的营造等方面达成了合力突破，重点打造出行、医疗、养老、民政救助、食品安全、安全等管理和服务相结合的"一件事"标杆和经典场景，切实做到了实战中管理、基层干部爱用、群众感到受用，广泛赢得市民、市场、社会等主体的欢迎，为基层赋能和减负，提高了基层社会治理的效能。

从远期建设来看，"两张网"应在体制层面寻求整合，尽快研究建立统一的"两张网"建设组织体系架构，市、区两级建立明确"两张网"建设的牵头部门，统一分管领导，全力推进相关融合工作。在区级层面做到前端有行政服务中心，推动办事服务精简化、便民化；中端有城运中心，推动城市管理精细化、高效化；后端有大数据中心，推动数据赋能精准化、便捷化。①

因而，在未来"两张网"融合发展中，应积极推进区、街镇三中心（城运中心、行政服务中心、大数据中心）"三位一体"融合运行，从而推动区域层面全方位的整体智治和数字治理。可以进一步从文化、组织、制度、机制和技术等方面对"两张网"融合发展的优化路径和策略进行全方位探索，期待进一步推动城市治理数字化转型，从深层次上提升城市治理数字化转型的能力和水平，实现数字政府和智慧城市的目标，促进城市的敏捷治理和整体智治，为上海城市整体数字化转型提供动力和保障。

---

① 石磊、熊竞、刘旭：《上海"两张网"建设的发展背景、实践意义和未来展望》，《上海城市管理》2021年第3期。

参考文献

著作：

［1］敬乂嘉：《"一网通办"新时代的城市治理创新》，上海人民出版社 2021 年版。

［2］陈宏彩主编：《数字化改革与整体智治：浙江治理现代化转型》，中共中央党校出版社 2021 年版。

［3］赵勇等：《"一网通办"的上海实践》，上海人民出版社 2020 年版。

［4］董幼鸿等：《上海城市运行"一网统管"的创新和探索》，上海人民出版社 2021 年版。

［5］郁建兴等：《"最多跑一次"改革：浙江经验，中国方案》，中国人民大学出版社 2019 年版。

［6］罗汉堂：《新普惠经济：数字技术如何推动普惠性增长》，中信出版社 2020 年版。

［7］张建锋：《数字政府 2.0》，中信出版集团 2019 年版。

［8］王文、刘玉书：《数字中国：区块链、智能革命与国家治理的未来》，中信出版社 2016 年版。

［9］中央党校（国家行政学院）电子政务研究中心：《2019 年上海市"一网通办"调查评估结果》，2020 年。

［10］中国行政体制改革研究会：《数字政府建设》，人民出版社 2021 年版。

［11］王益民：《数字政府》，中央党校出版社 2020 年版。

［12］张建锋等：《数智化：数字政府、数字经济与数字社会大融合》，电子工业出版社 2022 年版。

论文：

［1］祁志伟：《中国数字政府建设历程、实践逻辑与历史经验》，《深圳大学学报（人文社会科学版）》2022 年第 4 期。

［2］后向东：《"互联网＋政务"：内涵、形势与任务》，《中国行政管理》2016 年第 6 期。

［3］魏景容、刘祺：《从"通办"到"好办"：数字政府的迭代逻辑与改革趋向》，《中共天津市委党校学报》2021 年第 5 期。

［4］翟云：《"互联网＋政务服务"推动政府治理现代化的内在逻辑和演化路径》，《电子政务》2017 年第 12 期。

［5］翟云：《数字政府替代电子政务了吗？——基于政务信息化与治理现代化的分野》，《中国行政管理》2022 年第 2 期。

〔6〕谭必勇、刘芮：《数字政府建设的理论逻辑与结构要素——基于上海市"一网通办"的实践与探索》，《电子政务》2020年第8期。

〔7〕马亮、彭云：《"放管服"改革视域下的政务服务"好差评"制度——中国省级政府的比较研究》，《行政论坛》2020年第6期。

〔8〕赵岩、谭海波、何孟书：《地方政府互联网服务供给能力的影响因素及其组态——基于27省案例的定性比较分析》，《电子政务》2021年第4期。

〔9〕鲍静、范梓腾、贾开：《数字政府治理形态研究：概念辨析与层次框架》，《电子政务》2020年第11期。

〔10〕北京大学课题组、黄璜：《平台驱动的数字政府：能力、转型与现代化》，《电子政务》2020年第7期。

〔11〕陈水生：《数字时代平台治理的运作逻辑：以上海"一网统管"为例》，《电子政务》2021年第8期。

〔12〕丁元竹：《平台型政府运行机制的设计思路》，《中国浦东干部学院学报》2017年第2期。

〔13〕董幼鸿、叶岚：《技术治理与城市疫情防控：实践逻辑及理论反思——以上海市X区"一网统管"运行体系为例》，《东南学术》2020年第3期。

〔14〕杜超、赵雪娇：《基于"政府即平台"发展趋势的政府大数据平台建设》，《中国行政管理》2018年第12期。

〔15〕韩万渠、柴琳琳、韩一：《平台型政府：作为一种政府形

态的理论构建》,《上海行政学院学报》2021 年第 5 期。

［16］刘家明、胡建华：《多边平台创建与平台型治理》,《中国矿业大学学报（社会科学版）》2020 年第 3 期。

［17］马超、金炜玲、孟天广：《基于政务热线的基层治理新模式——以北京市"接诉即办"改革为例》,《北京行政学院学报》2020 年第 5 期。

［18］孟庆国、鞠京芮：《人工智能支撑的平台型政府：技术框架与实践路径》,《电子政务》2021 年第 9 期。

［19］明承瀚、徐晓林、王少波：《政务数据中台：城市政务服务生态新动能》,《中国行政管理》2020 年第 12 期。

［20］宋锴业：《中国平台组织发展与政府组织转型——基于政务平台运作的分析》,《管理世界》2019 年第 11 期。

［21］谈婕、赵志荣：《数字项目政府采购的纵向协调——基于杭州市政策补贴在线兑付平台的案例研究》,《公共管理与政策评论》2021 年第 6 期。

［22］杨学敏、刘特、郑跃平：《数字治理领域公私合作研究述评：实践、议题与展望》,《公共管理与政策评论》2020 年第 5 期。

［23］张晓、鲍静：《数字政府即平台：英国政府数字化转型战略研究及其启示》,《中国行政管理》2018 年第 3 期。

［24］Browna A. et al，"Appraising the Impact and Role of Platform Models and Government as a Platform（Gaap）in UK

Government Public Service Reform: Towards a Platform Assessment Framework (PAF) ", *Government Information Quarterly*, Vol.34, No.2 (April 2017), pp.167—182.

［25］Christopher Pollitt, "Joined-up Government: a Survey", *Political Studies Review*, Vol.1, No.1 (January 2003), pp.34—49.

［26］Eisenmann T. R. et al., "Platform Envelopment", *Strategic Management Journal*, Vol.32, No.12 (December 2011), pp. 1270—1285.

［27］John Langford, Jeffrey Roy, "E-government and Public-private Partnerships in Canada: When Failure is No Longer an Option", *International Journal of Electronic Business*, Vol.4, No.2, pp.118—135.

［28］John M. Bryson et al., "The Design and Implementation of Cross-Sector Collaborations: Propositions from the Literature", *Public Administration Review, Special Issue*, Vol.66 (December 2006), pp.44—55.

［29］O'Reilly T, "Government as a Platform", *Innovations Technology Governance Globalization*, Vol.6, No.1 (January 2011), pp.13—40.

［30］Parker G, Van Alstyne M, "Innovation, Openness, and Platform Control", *Management Science*, Vol.64, No.7, pp.2973—3468.

［31］Schilling M. A., "Toward a General Modular Systems Theory and Its Application to Interfirm Product Modularity", *The Academy of Management Review*, Vol.25, No.2, pp.312—334.

附录一　上海市公共数据和 一网通办管理办法

（2018 年 9 月 30 日上海市人民政府令第 9 号公布）

第一章　总则

第一条（目的和依据）

为促进本市公共数据整合应用，推进"一网通办"建设，提升政府治理能力和公共服务水平，根据相关法律、法规和国家有关规定，结合本市实际，制定本办法。

第二条（适用范围）

本市行政区域内公共数据和"一网通办"工作的规划、建设、运维、应用、安全保障和监督考核等管理活动，适用本办法。

涉及国家秘密的公共数据管理，按照相关保密法律、法规的规定执行。

第三条（定义）

本办法所称公共数据，是指本市各级行政机关以及履行公共管理和服务职能的事业单位（以下统称公共管理和服务机构）在依法履职过程中，采集和产生的各类数据资源。

本办法所称"一网通办"，是指依托全流程一体化在线政务服务平台（以下简称在线政务服务平台）和线下办事窗口，整合公共数据资源，加强业务协同办理，优化政务服务流程，推动群众和企业办事线上一个总门户、一次登录、全网通办，线下只进一扇门、最多跑一次。

第四条（管理原则）

本市公共数据和"一网通办"工作应当遵循统筹规划、集约建设、汇聚整合、共享开放、有效应用、精准服务、保障安全的原则。

第五条（职责分工）

市政府办公厅是本市公共数据和电子政务工作的主管部门，负责统筹规划、协调推进、指导监督本市公共数据和"一网通办"工作。市大数据中心具体承担本市公共数据归集、整合、共享、开放、应用管理，组织实施"一网通办"工作。

市经济信息化部门负责指导、协调、推进公共数据开放、数据开发应用和产业发展。

市其他行政机关在各自职责范围内，做好公共数据和"一网通办"的相关工作。

区人民政府确定的部门（以下简称区主管部门）是本行政区域内公共数据和电子政务工作的主管部门，负责指导、协调、推进、监督本行政区域内公共数据和"一网通办"工作。

第六条（标准规范）

本市加强公共数据和"一网通办"标准化建设，积极借鉴国际标准，充分运用国家标准、行业标准，制定公共数据采集、归集、整合、共享、开放以及质量和安全管理等基础性、通用性地方标准和"一网通办"地方标准，促进公共数据和"一网通办"规范化管理。

第七条（长三角一体化）

本市立足长三角一体化战略目标，加强与长三角地区公共数据和"一网通办"工作的合作交流，通过数据资源共享、平台融合贯通、业务协同办理等方式，推动区域协同发展。

第二章　规划和建设

第八条（发展规划）

市政府办公厅应当会同有关部门编制本市公共数据和电子政务发展规划，报市政府批准后，向社会公布并组织实施。

区主管部门应当根据市级发展规划，制定本区公共数据和电子政务发展规划，报市政府办公厅备案并组织实施。

第九条（项目管理）

市政府办公厅和市发展改革、经济信息化、财政等部门应当建立健全公共数据和电子政务项目立项审批、政府采购、建设运维、绩效评价、安全保障等管理制度。

公共数据和电子政务项目管理应当适应快速迭代的应用开发模式，积极采用政府购买服务的项目建设方式，将数据服务、电子政务网络服务、电子政务云服务等纳入购买服务范围。

第十条（基础设施）

本市加强市、区两级电子政务基础设施的统筹规划和统一管理，推进电子政务网络、电子政务云、大数据资源平台、电子政务灾难备份中心等共建共用，保障电子政务基础设施的安全可靠。

市大数据中心负责市级电子政务外网、电子政务云、大数据资源平台和全市统一的电子政务灾难备份中心的建设和运行管理。

区主管部门负责本区电子政务外网、电子政务云、大数据资源分平台的建设和运行管理。

第十一条（电子政务网络建设要求）

除国家另有规定外，行政机关不得新建业务专网；已经建成的，原则上应当分类并入本市电子政务网络。

第十二条（电子政务云建设要求）

行政机关的非涉密信息系统应当依托市、区两级电子政务云进行建设和部署；已经建成的，应当迁移至市、区两级电子政务云。

除国家另有规定外，行政机关不得新建、扩建、改建独立数据中心机房；已经建成的，应当依托市、区两级电子政务云进行整合。

第十三条（大数据资源平台建设要求）

行政机关应当依托市大数据资源平台和区大数据资源分平台，实现公共数据整合、共享、开放等环节的统一管理，原则上不得新建跨部门、跨层级的数据资源平台。

区大数据资源分平台应当与市大数据资源平台对接，接受公共数据资源的统一管理。

第十四条（政务信息系统整合）

行政机关应当定期清理与实际业务流程脱节、功能可被替代的信息系统，以及使用范围小、频度低的信息系统，将分散、独立的内部信息系统进行整合。

涉及公共数据管理的信息系统，未充分利用电子政务基础设施，无法实现与大数据资源平台互联互通、信息共享、业务协同的，原则上不再批准建设。对于未按照要求进行系统整合和数据对接的信息化项目，原则上不再拨付运维经费。

第三章　公共数据采集和治理

第十五条（数据集中统一管理）

公共管理和服务机构在履职过程中获取的公共数据，由市大数据中心按照应用需求，实行集中统一管理。

第十六条（数据责任部门）

市政府办公厅应当根据各部门的法定职责，明确相应的市级责任部门，由其承担下列工作：

（一）编制本系统公共数据资源目录；

（二）制定本系统公共数据采集规范；

（三）对本系统公共数据进行校核更新；

（四）汇聚形成本系统数据资源池。

第十七条（资源目录）

本市对公共数据实行统一目录管理，明确公共数据的范围、数据提供单位、共享开放属性等要素。市大数据中心负责制定公共数据资源目录的编制要求。

市级责任部门应当对本系统公共数据进行全面梳理，并按照编制要求，开展本系统公共数据资源目录的编制、动态更新等工作。市大数据中心对市级责任部门报送的公共数据资源目录进行汇聚、审核后，形成全市的公共数据资源目录。

区主管部门可以根据实际需要，对本区内未纳入全市公共数据资源目录的个性化公共数据进行梳理，编制本区公共数据资源补充目录。

第十八条（数据采集原则和要求）

公共管理和服务机构应当遵循合法、必要、适度原则，按照市级责任部门的采集规范要求，在公共数据资源目录的范围内采集公共数据，并确保数据采集的准确性、完整性、时效性。

公共管理和服务机构应当按照一数一源、一源多用的要求，实现全市公共数据的一次采集、共享使用。可以通过共享方式获得公共数据的，不得通过其他方式重复采集。

第十九条（数据采集方式）

公共管理和服务机构在法定职责范围内，可以直接采集、委托第三方机构采集，或者通过与自然人、法人和非法人组织协商的方式，采集相关公共数据。

第二十条（被采集人的权利义务）

公共管理和服务机构在法定职责范围内采集数据的，被采集人应当配合。

公共管理和服务机构因履职需要，采集法律、法规未作规定的数据的，应当取得被采集人同意。

第二十一条（数据归集）

公共管理和服务机构应当将本单位的公共数据向市、区电子政务云归集，实现公共数据资源的集中存储。

第二十二条（数据校核确认）

市级责任部门应当直接汇聚本系统公共数据；涉及区公共服务和管理机构采集的公共数据，且无法实现直接汇聚的，由区主管部门进行初步汇聚后，分类汇聚给市级责任部门。

市级责任部门应当按照多源校核、动态更新的原则，对本系统公共数据进行逐项校核、确认。

第二十三条（数据整合）

市级责任部门应当对本系统公共数据开展数据治理，并汇聚形成本系统的数据资源池。

市大数据中心应当依托市大数据资源平台，对各市级责任部门的公共数据进行整合，并形成人口、法人、空间、电子证照等基础数据库和若干主题数据库。

区主管部门应当依托大数据资源分平台，承接市大数据资源平台相关公共数据的整合应用。

第二十四条（质量管理）

公共数据质量管理遵循"谁采集、谁负责""谁校核、谁负责"

的原则，由公共管理和服务机构、市级责任部门承担质量责任。

市大数据中心负责公共数据质量监管，对公共数据的数量、质量以及更新情况等进行实时监测和全面评价，实现数据状态可感知、数据使用可追溯、安全责任可落实。

第四章 公共数据共享和开放

第二十五条（共享交换方式）

市大数据中心应当依托市大数据资源平台，建设统一的共享交换子平台，通过市、区两级部署，实现公共管理和服务机构之间的数据共享交换。

公共管理和服务机构之间原则上不得新建共享交换通道；已经建成的，应当进行整合。公共管理和服务机构应当采用请求响应的调用方式，共享公共数据；采用数据拷贝或者其他调用方式的，应当征得同级公共数据和电子政务主管部门的同意。

第二十六条（共享原则）

公共管理和服务机构之间共享公共数据，应当以共享为原则，不共享为例外，无偿共享公共数据。

没有法律、法规、规章依据，公共管理和服务机构不得拒绝其他机构提出的共享要求。公共管理和服务机构通过共享获得的公共数据，应当用于本单位履职需要，不得以任何形式提供给第三方，也不得用于其他任何目的。

公共管理和服务机构应当根据法定职责，明确本单位可以向其他单位共享的数据责任清单；根据履职需要，形成需要其他单位予以共享的数据需求清单；对法律、法规、规章明确规定不能共享的数据，列入共享负面清单。

第二十七条（分类共享）

公共数据按照共享类型分为无条件共享、授权共享和非共享三类。列入授权共享和非共享类的，应当说明理由，并提供相应的法律、法规、规章依据。

公共管理和服务机构因履职需要，要求使用无条件共享类公共数据的，应当无条件授予相应访问权限；要求使用授权共享类公共数据的，由市政府办公厅会同相关市级责任部门进行审核，经审核同意的，授予相应访问权限。

第二十八条（应用场景授权）

市大数据中心根据"一网通办"、城市精细化管理、社会智能化治理等需要，按照关联和最小够用原则，以公共管理和社会服务的应用需求为基础，明确数据共享的具体应用场景，建立以应用场景为基础的授权共享机制。

公共管理和服务机构的应用需求符合具体应用场景的，可以直接获得授权，使用共享数据。

第二十九条（数据开放要求）

市经济信息化部门应当以需求为导向，遵循统一标准、便捷高效、安全可控的原则，有序推进面向自然人、法人和非法人组织的公共数据开放。

市大数据中心应当依托市大数据资源平台，建设公共数据开放子平台，实现公共数据向社会统一开放。

第三十条（分类开放）

公共数据按照开放类型分为无条件开放、有条件开放和非开放三类。涉及商业秘密、个人隐私，或者法律、法规规定不得开放的，列入非开放类；对数据安全和处理能力要求较高、时效性较强或者需要持续获取的公共数据，列入有条件开放类；其他公共数据列入无条件开放类。

对列入无条件开放类的公共数据，公共管理和服务机构应当通过开放子平台主动向社会开放；对列入有条件开放类的公共数据，公共管理和服务机构对数据请求进行审核后，通过开放子平台以接口等方式开放。

第三十一条（数据开放清单）

公共管理和服务机构应当按照相关标准，在公共数据资源目录范围内，制定本单位的数据开放清单，向社会公布并动态更新。通过共享、协商等方式获取的公共数据不纳入本单位的数据开放清单。

与民生紧密相关、社会迫切需要、商业增值潜力显著的高价值公共数据，应当优先开放。

第三十二条（开放数据利用）

市经济信息化部门应当对全市公共数据开放工作和应用成效进行定期评估，并结合全市大数据应用和产业发展，通过产业政策引导、社会资本引入等方式，推动社会主体对开放数据的创新应用和价值挖掘。

第五章 一网通办

第三十三条（政务服务事项清单和办事指南）

公共管理和服务机构应当编制本部门政务服务事项清单和办事指南，由市审批改革部门审核并通过在线政务服务平台、移动终端、实体大厅等渠道发布。政务服务事项发生变化的，应当同步更新。

政务服务事项清单应当按照国家要求，确保同一政务服务事项的名称、编码、依据、类型等要素在不同层级、不同区域相统一。政务服务事项办事指南应当确保线上与线下标准统一，内容完整、准确、全面。

第三十四条（业务流程再造）

公共管理和服务机构应当整合内部业务流程与跨部门、跨层级、跨区域业务流程，优化政务服务事项网上申请、审查、决定、送达等环节，实行跨部门事项一窗综合受理、多方协同办理，减少审批环节、审批时间、申请材料和申请人跑动次数。

对申请人已经提交并且能够通过信息化手段调取的材料，或者能够通过数据互认共享手段获取的其他单位的证明材料，不得要求申请人重复提供。对没有法律、法规依据的证明材料，不得要求申请人提供。

公共管理和服务机构应当公布"最多跑一次"政务服务事项清单，清单包含事项名称、申请材料、办事流程、办理时限等。对于申请材料齐全、符合法律规定的，确保从受理申请到取得办理结果只需一次上门或者零上门。

第三十五条（在线政务服务平台）

在线政务服务平台以"中国上海"门户网站为总门户，政务服务事项应当全部纳入在线政务服务平台办理，实现申请、受理、审查、决定、证照制作、决定公开、收费、咨询等全流程在线办理。

在线政务服务平台实行统一身份认证，为申请人提供多源实名认证渠道，实现一次认证，全网通办；实行统一总客服，处理各类政务服务咨询、投诉和建议。

在线政务服务平台应当接入第三方支付渠道，实现政务服务费用在线缴纳，并为申请人提供材料递交、结果反馈等快递服务。

公共管理和服务机构应当将本单位的政务服务业务系统和数据与在线政务服务平台对接，实现互联共享。

第三十六条（线上线下集成融合）

公共管理和服务机构应当依托在线政务服务平台，推进线上线下深度融合，做到线上线下统一服务标准、统一办理平台。

公共管理和服务机构通过线下服务窗口提供的个人服务事项，除法律、法规另有规定或者受众面较小的事项外，应当实现全市范围内跨街镇窗口受理申请材料，方便申请人就近办理。

申请人可以通过线上或者线下的方式提出办事申请，公共管理和服务机构无正当理由不得限定申请方式。申请人选择线上申请的，合法有效且能够识别身份的电子申请材料与纸质申请材料具有同等法律效力；除法律、法规明确要求纸质材料外，公共管理和服务机构不得要求申请人提供纸质材料。

公共管理和服务机构认为申请人提交的材料不齐全或者不符合法定形式的，应当一次性告知需要补正的全部内容。告知的内容应当与其对外公示的办事指南内容一致。

第三十七条（电子签名、电子印章）

符合《中华人民共和国电子签名法》规定的可靠电子签名，与手写签名或者盖章具有同等法律效力，公共管理和服务机构应当采纳和认可。

公共管理和服务机构应当使用统一的电子印章系统开展电子签章活动，加盖电子印章的电子材料合法有效。电子印章的具体管理办法另行制定。

第三十八条（电子证照）

公共管理和服务机构应当使用统一的电子证照系统发放电子证照，电子证照与纸质证照具有同等法律效力，可以作为法定办事依据和归档材料。电子证照的具体管理办法另行制定。

第三十九条（电子档案）

公共管理和服务机构应当加强在履职过程中产生的电子文件归档管理。

除法律、法规另有规定外，公共管理和服务机构可以单独采用电子归档形式，真实、完整、安全、可用的电子档案与纸质档案具有同等法律效力。电子档案的具体管理办法另行制定。

第六章　安全管理和权益保护

第四十条（主管部门安全管理职责）

市政府办公厅和区主管部门应当编制本级公共数据和电子政务安全规划，建立公共数据和电子政务安全体系和标准规范，制定并督促落实公共数据和电子政务安全管理制度，协调处理重大公共数据和电子政务安全事件。

第四十一条（网信部门安全管理职责）

市网信部门应当指导公共管理和服务机构建立公共数据和电子政务网络安全管理制度，加强网络安全保障，推进关键信息基础设施网络安全保护工作。

第四十二条（市大数据中心安全管理职责）

市大数据中心应当对电子政务外网、电子政务云、大数据资源平台、电子政务灾难备份中心加强安全管理，建立并实施公共数据管控体系和公共数据安全认证机制，定期开展重要应用系统和公共数据资源安全测试、风险评估和应急演练。

第四十三条（公共管理和服务机构安全管理职责）

公共管理和服务机构应当设置或者确定专门的安全管理机构，并确定安全管理责任人，加强对相关人员的安全管理，强化系统安全防护，定期组织开展系统的安全测评和风险评估，保障信息系统安全。

公共管理和服务机构应当建立公共数据分类分级安全保护、风险评估、日常监控等管理制度，健全公共数据共享和开放的保密审查等安全审查机制，并开展公共数据和电子政务安全检查。

第四十四条（灾难备份）

市政府办公厅、市网信部门应当制定本市电子政务灾难备份分类分级评价和管理制度。

公共管理和服务机构应当按照前款规定的管理制度，对数据和应用进行备份保护。

第四十五条（应急管理）

公共管理和服务机构应当制定有关公共数据和电子政务安全事件的应急预案并定期组织演练。发生危害网络安全事件时，应当立即启动应急预案，迅速采取应急措施降低损害程度，防止事故扩大，保存相关记录，并按照规定向有关部门报告。

第四十六条（人员管理）

公共管理和服务机构应当建立安全管理岗位人员管理制度，明确重要岗位人员安全责任和要求，并定期对相关人员进行安全培训。

第四十七条（被采集人权益保护）

公共管理和服务机构采集、共享和开放公共数据，不得损害被采集人的商业秘密、个人隐私等合法权益。

公共管理和服务机构应当按照国家有关规定，落实信息系统加密、访问认证等安全防护措施，加强数据采集、存储、处理、使用和披露等全过程的身份鉴别、授权管理和安全保障，防止被采集人信息泄露或者被非法获取。

第四十八条（异议处理机制）

被采集人认为公共管理和服务机构采集、开放的数据存在错误、遗漏等情形，或者侵犯其个人隐私、商业秘密等合法权益的，可以向市大数据中心提出异议，市大数据中心应当在收到异议材料一个工作日内进行异议标注，并作以下处理：

（一）属于市大数据中心更正范围的，应当在收到异议材料之日起两个工作日内，作出是否更正的决定，并及时将处理结果告知异议提出人；

（二）属于市级责任部门更正范围的，应当在收到异议材料之日起两个工作日内，转交该部门办理；该部门应当在收到转交的异议材料之日起五个工作日内，向提供该数据的公共管理和服务机构进行核实，作出是否更正的决定并告知市大数据中心；市大数据中心应当及时将处理结果告知异议提出人。

第七章　监督考核

第四十九条（加强日常监督）

市政府办公厅、市大数据中心和区主管部门应当通过随机抽查、模拟办事、电子督查等方式，对公共管理和服务机构的公共数据和电子政务工作进行日常监督；发现存在问题的，应当及时开展督查整改。

第五十条（开展绩效考核）

市政府办公厅应当组织制定年度公共数据和电子政务管理考核方案，充分运用"12345"市民服务热线数据，对行政机关开展年度工作绩效考核。考核结果纳入各级领导班子和领导干部年度绩效考核，并作为下一年度公共数据和电子政务项目审批的重要参考依据。

第五十一条（引入第三方评估）

市政府办公厅、市经济信息化部门可以委托第三方专业机构，围绕网上政务服务能力、公共数据质量、共享开放程度、电子政务云服务质量等方面，对本市公共数据和电子政务工作定期开展调查评估。

第五十二条（畅通社会评价与投诉渠道）

公共管理和服务机构应当在本单位网站建立政务服务效果评价机制，设立网上曝光纠错、互动问答、评价分享等相关栏目，畅通线上投诉举报渠道。收到投诉举报的机构应当自受理投诉举报之日起五个工作日内，进行核实处理，并将处理结果反馈投诉举报人。

第八章　法律责任

第五十三条（指引条款）

违反本办法规定，《中华人民共和国网络安全法》《中华人民共和国保守国家秘密法》《中华人民共和国治安管理处罚法》等相关法律、法规有处罚规定的，从其规定；涉嫌犯罪的，依法追究刑事责任。

任何单位和个人从事攻击、侵入、干扰、破坏等危害本市电子政务基础设施活动，或者非法泄露、篡改、毁损、出售公共数据的，依法追究法律责任。

第五十四条（违反规划和建设规定的法律责任）

行政机关及其工作人员有下列行为之一的，由本级人民政府或者上级主管部门责令改正；情节严重的，由有权机关对直接负责的主管人员和其他直接责任人员依法给予处分：

（一）违反电子政务网络建设要求，擅自新建业务专网或者已建专网拒不并入本市电子政务网络的；

（二）违反电子政务云建设要求，擅自新建、扩建、改建独立数据中心机房，或者已建机房未依托电子政务云进行整合的；

（三）违反大数据资源平台建设要求，擅自新建跨部门、跨层级数据资源平台的；

（四）未按照政务信息系统整合要求进行系统整合的。

第五十五条（违反公共数据采集、共享、开放规定的法律责任）

公共管理和服务机构及其工作人员有下列行为之一的，由本级人民政府或者上级主管部门责令改正；情节严重的，由有权机关对直接负责的主管人员和其他直接责任人员依法给予处分：

（一）违反数据采集的原则和要求采集公共数据的；

（二）未依托电子政务云实现公共数据集中存储的；

（三）无正当理由拒绝其他单位提出的共享要求的。

第五十六条（违反一网通办工作规定的法律责任）

公共管理和服务机构及其工作人员有下列行为之一的，由本级人民政府或者上级主管部门责令改正；情节严重的，由有权机关对直接负责的主管人员和其他直接责任人员依法给予处分：

（一）未按照要求编制本单位政务服务事项清单和办事指南的；

（二）未按照要求将本单位政务服务业务系统和数据与在线政务服务平台对接的；

（三）没有法律、法规依据，要求申请人提供证明材料的；

（四）无正当理由限定申请人的申请方式的。

第五十七条（违反安全管理规定的法律责任）

市政府办公厅和区主管部门、市大数据中心、市网信部门、公共管理和服务机构及其工作人员未按照本办法规定履行安全管理职责的，由本级人民政府或者上级主管部门责令改正；情节严重的，由有权机关对直接负责的主管人员和其他直接责任人员依法给予处分。

第九章　附则

第五十八条（遵照执行）

水务、电力、燃气、通信、公共交通、民航、铁路等公用事业运营单位在依法履行公共管理和服务职责过程中采集和产生的各类数据资源的管理，适用本办法。法律、法规另有规定的，从其规定。

第五十九条（参照执行）

运行经费由本市各级财政保障的其他机关、团体等单位以及中央国家机关派驻本市的相关管理单位在依法履行公共管理和服务职责过程中采集和产生的各类数据资源的管理，参照本办法执行。

运行经费由本市各级财政保障的其他机关、团体等单位的电子政务管理，参照本办法执行。

第六十条（施行日期）

本办法自 2018 年 11 月 1 日起施行。

附录二 关于进一步促进和保障
"一网通办"改革的决定

（2021年6月23日上海市第十五届人民代表大会常务
委员会第三十二次会议通过）

为了进一步完善本市"一网通办"服务，深化"放管服"改革，助力城市数字化转型，创新体制机制，优化营商环境，切实便民利企，推进城市治理体系和治理能力现代化，根据《国务院关于在线政务服务的若干规定》等规定，结合本市实际，作出如下决定：

一、本市推进"一网通办"改革，整合数据资源，加强业务协同，优化服务流程，拓展服务范围，构建标准化、规范化、便利化、普惠化的全方位服务体系，为个人以及企业等市场主体提供更高效、更便捷、更精准的服务。

二、市、区人民政府应当加强对"一网通办"改革工作的领导，明确本行政区域"一网通办"改革的主管部门，构建分工明确、权责清晰、运转高效的跨领域、跨部门、跨层级协调机制，统筹解决改革中的重大问题。各市级部门应当加强对本领域"一网通办"改革工作的统筹指导。支持浦东新区在"一网通办"改革机制、服务模式等方面率先进行创新探索；条件成熟时，可以在全市推广。

三、本市强化"一网通办"一体化平台建设，依托"中国上海"门户网站、"随申办"移动端、自助终端和线下办事窗口，实现线上线下集成融合、标准一致、渠道互补，为个人以及企业等市场主体提供多渠道的服务。

本市各级机关以及履行公共管理和服务职能的事业单位、社会团体等（以下统称公共服务机构）应当按照"一网通办"标准规范，实现服务事项全流程、一体化运行。本市各级机关和公共服务机构应当将其政务服务移动端应用统一接入"随申办"移动端，不再新建政务服务移动端。

本市加强区行政服务中心和街道乡镇社区事务受理服务中心（以下统称政务服务中心）建设，推进企业等市场主体事项向区行政服务中心集中，个人事项向街道乡镇社区事务受理服务中心集中；明确办事窗口的职责权限与操作流程，对能够当场办理的事项，应当当场办理。

四、本市优化"一网通办"业务流程，推进服务事项全程网办，提供申请、受理、决定、送达等全流程全环节的网上服务。已经实现全程网办的事项，申请人申请网上办理的，不得要求其到现场办理；申请材料可以通过市大数据资源平台实时互通共享获取的，不得要求申请人另行提交。

个人以及企业等市场主体可以自主选择政务服务办理渠道，本市各级机关和公共服务机构应当按照其选择的渠道办理。

本市各级机关和公共服务机构应当对业务流程关联度高的多个"一网通办"服务事项推行集成办理，实行一次告知、一表申请、一口受理、一网办理、统一发证，推动"高效办成一件事"；应当在各级政务服务中心推行综合窗口服务，实行综合受理、分类办理、统一出件。

五、本市探索综合窗口主动服务模式创新，强化审批要素标准化建设，依托大数据、人工智能等技术手段，根据申请人的办事需求，通过市大数据资源平台等渠道，实时互通共享获取相关信息，形成标准、完整、准确的申报材料，实现申请人"信息免填报、材料免提交"，申请事项一次咨询一次办成。

六、本市支持"一业一证"改革，将一个行业准入涉及的多张许可证整合为一张行业综合许可证，通过"一网通办"平台集成办理。行业综合许可证集成的信息与相关单项许可证具有同等证明力。行业综合许可证在全市通用。

七、本市推行统一的电子证照服务，各级机关和公共服务机构在"一网通办"服务中需要发放证照的，应当提供电子证照；申请人要求获得实体证照的，应当确保同步发放的电子证照与实体证照信息一致。个人以及企业等市场主体能够提供本市电子证照的，免于提交实体证照，但法律、行政法规另有规定的除外。本市拓展电子证照在社会化服务领域的应用。

八、本市依托"一网通办"平台，推动"互联网＋监管"系统建设，加强各相关部门监管业务系统互联互通，促进相关领域、行业的监管信息归集和共享，提高监管效能。

九、本市加强"一网通办"服务中的数据管理和安全保障，各级机关和公共服务机构应当按照国家和本市相关规定，切实维护个人以及企业等市场主体的合法权益。

十、本市推广"随申码"的社会化应用，以"随申码"作为个人以及企业等市场主体的数字身份识别码，实现一码通办。依托市民主页和企业专属网页，提供个性、精准、主动、智能服务。

"一网通办"服务应当充分兼顾老年人、残障人士等特殊群体的使用需求，解决特殊群体在运用智能技术方面遇到的困难。

十一、本市健全"一网通办"服务"好差评"制度，实行一次一评、一事一评，拓展评价渠道，完善评价方式，为个人以及企业等市场主体对服务质量进行评价提供便利，对发现的问题及时整改。

十二、"一网通办"改革主管部门应当对政府部门"一网通办"改革成效开展评估，并将评估结果作为改进工作与绩效考核的重要依据。

十三、本市加强长三角区域"一网通办"改革的合作与交流，完善"跨省通办"工作机制。推进长三角区域电子证照互认和数据资源共享，打造高频优质场景应用。

十四、市人民代表大会常务委员会围绕"一网通办"改革的实际需求，制定、修改相关地方性法规或者在有关地方性法规中作出规定，促进和保障"一网通办"改革。

市人民代表大会常务委员会可以决定暂时调整、停止实施本市地方性法规中与"一网通办"改革有关的部分规定。

十五、市、区人民代表大会常务委员会应当通过听取专项工作报告等方式，加强对本决定执行情况的监督。

市、区人民代表大会常务委员会应当充分发挥各级人大代表作用，汇集、反映人民群众的意见和建议，督促有关方面落实"一网通办"改革的各项工作。

十六、本市保障"一网通办"改革创新，在改革创新中未能实现预期目标，但有关单位和个人依照国家和本市有关规定决策、实施，且勤勉尽责、未牟取私利的，不作负面评价，依法免除相关责任。

附录三 关于进一步促进和保障城市运行"一网统管"建设的决定

（2022 年 5 月 24 日上海市第十五届人民代表大会常务委员会第四十次会议通过）

为了践行"人民城市"重要理念，推动城市治理数字化转型，促进和保障城市运行"一网统管"（以下简称"一网统管"）建设，提高城市管理科学化、精细化、智能化水平，推进超大城市治理体系和治理能力现代化，根据有关法律、行政法规的规定，结合本市实际，作出如下决定：

一、本市推进"一网统管"建设，以"一屏观天下、一网管全城"为目标，坚持科技之智与规则之治、人民之力相结合，构建系统完善的城市运行管理服务体系，实现数字化呈现、智能化管理、智慧化预防，聚焦高效处置一件事，做到早发现、早预警、早研判、早处置，不断提升城市治理效能。

二、市人民政府应当加强对"一网统管"建设工作的组织领导，将其纳入国民经济和社会发展规划，协调解决"一网统管"建设重大问题，构建数字化、智能化政府运行新模式，提升城市治理效能。

区人民政府应当按照本市"一网统管"建设总体要求和部署，拟定本行政区域实施方案，完善"一网统管"建设工作体制，健全协同联动工作机制，深化线上线下业务协同，拓展应用场景建设，推动数字化、智能化治理模式创新，提升区域治理效能。

市、区有关部门、政府派出机构和有关单位应当统筹推进本系统、本区域、本单位的"一网统管"建设工作，并按照各自职责做好"一网统管"建设相关综合性工作。

乡镇人民政府、街道办事处应当在基层治理中，落实"一网统管"建设要求，推进实战应用，提升基层治理效能。

三、本市设立市、区和乡镇、街道三级城市运行管理机构，具体负责本级"一网统管"建设工作的统筹规划、协调推进和监督指导。上级城市运行管理机构应当加强对下级城市运行管理机构的业务指导和督促检查。

市城市运行管理机构负责拟订全市城市运行智能化管理战略和发展规划，研究制定标准规范，加强城市运行状态监测、分析和预警，健全分层分类指挥处置体系，统筹协调重大突发事件应急联动处置。

区城市运行管理机构应当加强上下联通和资源整合，融合值班值守、应急联动、市民热线、网格管理等功能，提升区域城市运行日常管理和应急联动协调能力，提高城市运行综合管理事项的处置效率。

乡镇、街道城市运行管理机构应当加强一线协调处置能力，依托基层综合执法、联勤联动机制，协调处置基层治理中的具体问题。有条件的乡镇、街道城市运行管理机构可以下设城市运行工作站。

四、本市运用大数据、云计算、物联网、区块链、人工智能等现代信息技术，建设"一网统管"平台，由城市运行管理机构负责规划建设和运行维护，整合部门业务系统，实现数据规范采集、标准统一、实时更新、互联互通，为及时精准发现问题、对接需求、研判形势、预防风险和有效处置问题提供支撑。

五、本市依托"一网统管"平台，建立市、区、乡镇和街道、网格化区域、社区和楼宇五级应用体系，加强指挥协调和现场处置，实现线上线下协同高效处置一件事。

对依托"一网统管"平台发现的城市运行中的问题，城市运行管理机构按照管理权限，派单调度相关部门和单位及时进行处置；相关部门和单位应当接受派单调度，及时进行处置，反馈处置情况，并接受督办核查。

六、市级相关部门和区人民政府应当按照各自职责，加强重大任务、重点区域、重要领域的"一网统管"应用场景建设。

市、区城市运行管理机构应当加强对"一网统管"应用场景建设的统筹指导，定期向社会公布应用场景建设情况，接受社会监督。

七、各级人民政府应当充分发挥治理数字化优势，积极依托"一网统管"平台，切实履行属地责任，依法有效应对自然灾害、事故灾难、公共卫生和社会安全等突发事件以及其他影响城市运行安全的事件。

八、本市运用治理数字化功能，在疫情防控期间，实行个人疫情防控信息核验措施（即"场所码"或"数字哨兵"等核验措施），核验个人健康信息。

市、区人民政府指定的部门负责个人疫情防控信息核验措施的统筹协调、组织实施。市、区相关行业管理部门负责本行业、本系统落实个人疫情防控信息核验措施的日常监督检查和指导。乡镇人民政府、街道办事处应当切实做好辖区内实施个人疫情防控信息核验措施的督促和保障工作。出入公共场所、居民小区等场所的人员应当按照规定主动接受个人疫情防控信息核验。相关场所管理者、经营者应当按照要求开展个人疫情防控信息核验工作，发现不符合疫情防控要求的，及时向政府有关部门报告，并配合政府有关部门进行联动处置。信息核验中采集、处理个人疫情防控信息应当遵守个人信息保护相关法律、法规的规定，采集的个人信息仅用于疫情防控需要，任何单位和个人不得泄露。

实行个人疫情防控信息核验措施的具体办法，由市人民政府另行制定。

九、本市推动建设城市运行数字体征系统，科学设定城市运行体征指标体系，依托"一网统管"平台和智能感知系统，加强对城市运行状态的实时动态、智能精准监测。

十、有关部门和单位应当按照"一网统管"建设要求和相关技术标准，依托大数据资源平台，加强公共数据的归集和共享，及时动态更新，保证数据准确性，提高数据质量。

鼓励企业、电子商务平台等市场主体参与"一网统管"应用场景开发建设，加强数据共享，为"一网统管"建设提供技术、数据等支持。

在突发事件应急状态下，有关企业、电子商务平台等市场主体应当配合政府依法采取的应急处置措施，提供必需的数据支持，共同维护城市运行安全。

十一、本市推进"一网通办""一网统管"融合发展，依托大数据资源平台，围绕数据、场景、系统，推动"两张网"双向融合、相互协同，促进政府职能转变和流程再造，提升数字化治理能力和水平，建设数字政府。

十二、市、区人民政府及其相关部门应当将"一网统管"和数字治理的理念融入城市规划、建设和管理。

市、区规划资源、住房城乡建设管理、交通等部门在有关规划制定、重大项目立项时，应当征求同级城市运行管理机构的意见。

十三、市、区有关部门应当依托"一网统管"平台，整合、归并业务系统，加强数据共享，减少重复派单和报送信息，支持乡镇人民政府和街道办事处依法履行服务与管理职能，为基层减负增能。

公安、市场监管、住房城乡建设管理、规划资源、民政、经济信息化、卫生健康、人力资源社会保障等部门应当依法向乡镇人民政府和街道办事处提供人口、法人、房屋等基础数据，赋能基层治理。

十四、鼓励和支持个人、企业、社会组织等积极参与"一网统管"建设，发挥"12345"市民服务热线总客服作用和人民建议征集、"随申拍"等信息收集功能，拓展参与渠道和方式，反映社情民意，回应市民诉求，推动形成共建、共治、共享的城市治理格局。

十五、各级人民政府应当将"一网统管"建设经费纳入本级财政预算，实施项目库管理，建立与"一网统管"建设相适应的科学高效的项目审批机制，落实项目资金保障。

十六、各级人民政府应当根据"一网统管"建设需要，创新人才保障机制，通过聘任制公务员、引进专业技术人才等方式，加强人员配备，提升能力素质，并将"一网统管"和数字治理等专业知识纳入基层工作人员、公务员和领导干部培训内容。

本市建立"一网统管"专家咨询机制，对"一网统管"建设涉及的技术、安全、法律等问题，提供专家咨询意见。

十七、"一网统管"建设相关部门和单位应当按照有关法律法规和安全技术标准，建立健全风险评估、安全审查、日常监控、应急处置等机制，严格落实网络安全等级保护制度，加强数据分类分级保护，依法履行个人信息保护义务。

十八、市、区人民政府应当加强对下级人民政府和有关部门"一网统管"建设工作成效的考核，并将考核结果作为年度绩效考核和领导干部综合考核评价的重要依据。

十九、支持浦东新区在"一网统管"建设工作机制和治理理念、治理模式、治理手段等方面进行创新探索，率先构建经济治理、社会治理、城市治理统筹推进和有机衔接的治理体系；条件成熟的，可以在全市推广。

二十、本市充分发挥"一网统管"在推进长江三角洲区域协同治理中的作用，加强"一网统管"建设的合作与交流。

二十一、市人民代表大会常务委员会围绕"一网统管"建设的实际需求，制定、修改相关地方性法规或者在有关地方性法规中作出规定，促进和保障"一网统管"建设。

市、区人民代表大会常务委员会应当通过听取专项工作报告等方式，加强对本决定执行情况的监督。

市、区人民代表大会常务委员会应当充分发挥各级人大代表作用，汇集、反映人民群众的意见和建议，督促有关方面落实"一网统管"建设各项工作。

二十二、有关部门及其工作人员有不接受城市运行管理机构统筹协调、派单调度、督办核查，不按照要求归集或者共享公共数据，不履行法定职责或者不正确履行法定职责等情形的，由其所在单位或者上级部门予以纠正，并依法给予处分。

二十三、在疫情防控期间，场所管理者、经营者未按照规定履行个人疫情防控信息核验责任的，由相关行政管理部门责令改正，并依法予以处理。对不符合市人民政府有关规定要求，拒不接受个人疫情防控信息核验的人员，场所管理者或者经营者有权拒绝其出入。

信息核验中有关采集、处理个人疫情防控信息，如有违反法律、法规关于个人信息保护相关规定情形的，由相关行政管理部门责令改正，并依法予以处罚。

个人或者单位有扰乱公共秩序、妨碍公共安全等行为，构成违反治安管理规定的，由公安机关依法给予处罚；给他人人身、财产造成损害的，依法承担民事责任；构成犯罪的，依法追究刑事责任。有关部门还应当按照国家和本市规定，将其失信信息向本市公共信用信息平台归集，并依法采取惩戒措施。

后　记

　　2022 年 6 月，国务院出台《关于加强数字政府建设的指导意见》，明确指出加强数字政府建设是适应新一轮科技革命和产业变革趋势、引领驱动数字经济发展和数字社会建设、营造良好数字生态、加快数字化发展的必然要求，是建设网络强国、数字中国的基础性和先导性工程，是创新政府治理理念和方式、形成数字治理新格局、推进国家治理体系和治理能力现代化的重要举措。上海探索的政务服务和城市运行"两张网"建设和创新，是城市政府治理数字化转型的重要举措，是城市治理体系和治理能力现代化的重要探索，也是城市数字政府建设的重要内容。为此，探索"两张网"融合发展的路径优化和创新是上海城市数字政府建设的关键环节和核心要义，也是今后上海数字政府建设和创新的重要路径选择。

　　本书是 2021 年上海社科规划办与上海市习近平新时代中国特色社会主义思想研究中心联合发布"人民城市"专项规划课题"人民城市视角下'两张网'融合发展路径优化策略研究"的结项成果，

后　记

由上海市委党校政府治理研究院和市委党校公共管理教研部联合成立的课题组完成。本书的具体分工如下：绪论、第八章，董幼鸿撰写；第一章、第七章，叶岚撰写；第二章，石晋昕、董幼鸿撰写；第三章，陶振撰写；第四章，浦东党校徐凌撰写；第五章，叶岚、董幼鸿撰写；第六章，徐瑜璐撰写；最后由董幼鸿和叶岚统稿。

本书出版得到上海市习近平新时代中国特色社会主义思想研究中心的资助。感谢上海市委党校副校长曾峻教授、马克思主义学院执行院长王公龙教授、上海市习近平新时代中国特色社会主义思想研究中心叶柏荣、周静雯等老师对课题研究和本书出版给予的支持！课题调研和撰写得到市城运中心、部分区城运中心、徐汇区民政局、浦东新区民政局和梅陇镇城运中心等部门和单位领导的大力支持，非常感谢他们给予课题研究提供的帮助和关心！

上海以"两张网"建设和融合发展为主要内容的数字政府建设还处于不断探索过程中，"两张网"融合发展实践探索和理论研究还有很长的路要走。本书是"两张网"为主要内容的数字政府建设课题研究的阶段性成果，很多理论和实践问题需要进一步研究和探讨，故本书的研究尚存在诸多不足，敬请读者和同行批评指正！

作者

2022 年 8 月

图书在版编目(CIP)数据

"两张网"融合发展:城市治理数字化转型的上海
实践/董幼鸿等著.—上海:上海人民出版社,2023
ISBN 978-7-208-18357-5

Ⅰ.①两… Ⅱ.①董… Ⅲ.①城市管理-数字化-研
究-上海 Ⅳ.①F299.275.1

中国国家版本馆 CIP 数据核字(2023)第 110936 号

责任编辑 吕桂萍
封面设计 谢定莹

"两张网"融合发展:城市治理数字化转型的上海实践
董幼鸿 等著

出　　版　上海人民出版社
　　　　　(201101　上海市闵行区号景路 159 弄 C 座)
发　　行　上海人民出版社发行中心
印　　刷　上海商务联西印刷有限公司
开　　本　720×1000　1/16
印　　张　14
插　　页　3
字　　数　140,000
版　　次　2023 年 7 月第 1 版
印　　次　2023 年 7 月第 1 次印刷
ISBN 978-7-208-18357-5/D·4149
定　　价　66.00 元